INDEPENDENT AND UNOFFICIAL

로블록스
최강 게임 백과

메타버스 게임 유저와 **미래 개발자**의 필독서!

THE BEST ROBLOX GAMES EVER
by Kevin Pettman

First Published in 2020 by Mortimer Children's, an imprint of the Welbeck Publishing Group, 20 Mortimer Street, London W1T 3JW.

Text, design and illustrations copyright © Welbeck Publishing Limited 2020

This book is not endorsed by Roblox Corporation. All information correct as of April 2020. Welbeck Publishing Group apologises for any unintentional errors or omissions, which will be corrected in future editions of this book.

All screenshots and images of Roblox gameplay © Roblox Corporation

Korean edition copyright © Seoul Cultural Publishers, Inc. 2021

All rights reserved.

This Korean edition published by arrangement with Welbeck Publishing Group Limited through Shinwon Agency Co., Seoul.

이 책은 일반적인 정보를 제공할 목적으로 제작된 안내서입니다.
이 책에 언급된 브랜드, 서비스마크, 상표, 캐릭터, 그리고 이름 등은 해당 소유자의 자산으로, 정보 확인용으로만 사용되며 출판사 및 저자와는 관련이 없습니다.
이 책은 Welbeck Children's Limited의 출판물이며,
개인이나 단체에 의해 허가, 후원 또는 승인을 받지 않았습니다.

INDEPENDENT AND UNOFFICIAL

로블록스
최강 게임 백과

메타버스 게임 유저와 미래 개발자의 필독서!

차례

게임 시작	06
조종 개시	08
안전한 게임 플레이 팁	10
최고의 로블록스 플레이 팁	12
최고의 로블록스 게임을 찾아라	14
마을 및 도시	16
MAD CITY	18
탈옥수와 경찰	20
로블록시안 고등학교	22
MEEPCITY	24
블록스부르크에 오신 걸 환영해요	25
PACIFICO 2: PLAYGROUND TOWN	26
로시티즌	27
코미디	28
벽에 난 구멍	30
COMEDY HUB	32
THE COMEDY ELEVATOR	33
중세 및 판타지	34
유성우! 드래곤 어드벤처	36
KINGDOM LIFE II	38
MEDIEVAL WARFARE: REFORGED	39
모험	40
NINJA LEGENDS	42
HIDE AND SEEK EXTREME	44
TIME TRAVEL ADVENTURES	46
스피드런 4	48
SHARKBITE	49
벌떼 시뮬레이터	50
DON'T PRESS THE BUTTON 2	51
PHANTOM FORCES	52
BIG PAINTBALL	53
아스널	54
카운터블록스	55
공포 및 SF	56
플리 퍼실리티	58
MURDER MYSTERY 2	60
GALAXY	62
이노베이션 북극 기지	64
INNOVATION LABS	65
PIGGY CHAPTER 10	66
좀비 어택	67
롤플레잉 게임	68
입양하세요!	70
SUPER HERO LIFE II	72
SURVIVOR	74
HORSE WORLD(호스 월드)	75
LIMITLESS RPG	76
얼음 땡 술래잡기	77
스포츠	78
LEGENDS OF SPEED	80
DODGEBALL!	82
킥오프	84
SUPER STRIKER LEAGUE	86
BOXING SIMULATOR	87
체조 경기장	88
HOCKEY WORLD LEGACY	89
대전	90
HEROES ONLINE	92
RO-GHOUL	94
BLOX FRUITS	96

SUPER DOOMSPIRE	98
SWORD FIGHTING TOURNAMENT	99
광선검 시뮬레이터	100
APOCALYPSE RISING	101
배틀 로열	**102**
ALONE: BATTLE ROYALE	104
ISLAND ROYALE	106
DEADLOCKED BATTLE ROYALE	108
BATTLE ROYALE SIMULATOR	109
드라이빙	**110**
탈것 시뮬레이터	112
CAR CRUSHERS 2	114
FULL THROTTLE	116
궁극의 드라이빙: 웨스트오버 아일랜드	118
새로운 딜러! 자동차 딜러점 타이쿤	119
타이쿤 게임	**120**
SUPER HERO TYCOON	122
레스토랑 타이쿤 2	124
놀이공원 타이쿤 2	126
피자 팩토리 타이쿤	128
피자 가게에서 일해요	129
시뮬레이터 게임	**130**
파괴 시뮬레이터	132
MINING SIMULATOR	134
WEIGHT LIFTING SIMULATOR 3	136
보물 사냥 시뮬레이터	138
GHOST SIMULATOR	139
서바이벌 게임	**140**
FLOOD ESCAPE 2	142
자이언트 생존!	144
구축하고 생존하십시오!	146
슈퍼 밤 서바이벌!!	148
THE FLOOR IS LAVA	150
자연재해 서바이벌	151
건설	**152**
BUILDING SIMULATOR	154
RETAIL TYCOON	156
HOMEBUILDER	158
디자인 쇼!	159
WELCOME TO ROBLOX BUILDING	160
보물선 만들기	161
BUILD BATTLE!	162
PLANE CRAZY	163
장애물 코스	**164**
대꿀잼 장애물 달리기	166
옵스타클 파라다이스	168
ESCAPE THE SCHOOL OBBY!	169
퍼즐	**170**
방 탈출	172
GUESS THE DRAWING!	174
GRAVITY SHIFT	175
미니 게임	**176**
에픽 미니게임즈	178
리풀 미니게임즈	180
MINI GOLF	181
로블록스 브레인 버스터!	**182**
게임 용어집	**190**
로블록스 브레인 버스터! 퀴즈 정답	**192**

게임 시작

흥미진진하고 재미있는 로블록스 세계에 오신 것을 환영합니다! 지금부터 100개가 넘는 놀라운 게임들을 둘러볼 수 있을 뿐만 아니라, 게임 사용 방법과 어마어마한 팁, 정보 및 스탯(능력치) 등을 살펴볼 수 있습니다. 자, 이제 모험을 떠나 보세요!

조종 개시

신기하고 멋진 로블록스 아바타에 대해 알아보고, 로블록스 세계에서 사용하는 각종 조작법과 명령어, 옵션 등을 마스터하세요.

태블릿, 스마트폰, 컴퓨터 또는 Xbox One 같은 게임 콘솔 등에 로블록스를 다운로드하세요. www.roblox.com에서 계정을 생성한 다음, 수많은 로블록스 게임을 플레이할 나만의 아바타(캐릭터)를 만들어 보세요.

아바타 상점에는 상의와 하의, 헤어스타일과 모자 등 추가하고 변경할 수 있는 옵션들이 굉장히 많아요. 이 게임에서는 자신만의 스타일을 표현하는 아바타를 만드는 것이 중요하답니다!

로블록스 아바타 꾸미기

아바타용 복장과 장신구는 로벅스(로블록스 게임 속에서 현금처럼 쓸 수 있는 디지털 화폐)로 구매할 수 있지만 무료로 얻을 수도 있어요!

아바타 상점(카탈로그)에서 아이템 목록을 '낮은 가격 순'으로 정렬하면 모든 무료 아이템이 맨 위에 표시됩니다. 머리, 얼굴, 장신구 등 아바타를 꾸밀 수 있는 모든 복장과 그 밖의 번들 아이템을 검색할 때 이와 같은 방법을 쓸 수 있습니다.

아바타 상점에는 마블이나 스타워즈 영화에서 나온 캐릭터나 닥터 후 같은 유명한 미국 TV 드라마에 나온 주인공을 모델로 한 테마 아바타와 의상도 있습니다. 뿐만 아니라 NFL(미식축구리그), FC 바르셀로나, 리버풀 FC 등의 스포츠 선수단과 공식 제휴한 테마 아이템도 있습니다. 하지만 이런 종류의 아이템은 일정 기간 동안만 제공되기 때문에 기간 안에 빨리 사야 합니다.

컨트롤 옵션

아바타를 조작하는 방법은 여러분이 플레이하는 게임에 따라 달라집니다. 게임의 조작법을 정확하게 알고 싶다면 메뉴 버튼을 누른 다음 도움말을 선택하세요. 도움말에서는 캐릭터를 설정하고 이동하는 법, 카메라 이동법뿐 아니라 다른 유용한 조작법도 알려 줍니다.

Xbox One 콘솔을 이용하는 플레이어는 컨트롤러의 화면 왼쪽 상단에 있는 메뉴 버튼(세 개의 줄 아이콘)을 클릭하여 조작법 설정을 할 수 있습니다. 왼쪽에 있는 썸스틱을 위로 올려 설정 옵션으로 이동한 다음 RB(오른쪽 범퍼)를 클릭하면 도움말로 이동할 수 있습니다.

플레이어는 설정 옵션(흰색 톱니바퀴 아이콘)에서 해상도 및 모드, 마우스 감도, 그리고 볼륨 등의 항목을 조정할 수 있습니다. 내비게이션 바를 이용하면, 일반적인 로블록스 플레이 방법 및 아바타에 대한 정보에 빠르게 확인할 수 있어요. 내비게이션 바는 화면 왼쪽에 있으며, 프로필, 친구, 아바타 인벤토리 등의 옵션이 있습니다.

- 로블록스 꿀팁 -

로블록스 홈페이지 상단에 있는 만들기 메뉴를 클릭하면, 자신만의 로블록스 게임을 만들 수 있는 로블록스 스튜디오로 이동합니다.

안전한 게임 플레이 팁

로블록스는 친구들 및 커뮤니티와 함께 즐길 수 있는 환상적인 게임 세계입니다. 모든 사람이 안전하게 온라인 게임을 할 수 있는 방법들이 있습니다.

개인 정보

여러분의 이름이나 주소, 또는 학교 이름 같은 개인 정보를 로블록스에 공개하면 안 됩니다.

그리고 실명을 계정 이름으로 사용하지 않는 것이 중요합니다. 이메일 주소나 전화번호를 포함한 개인 정보를 절대로 알려 주지 마세요. 또한, 비밀번호를 공유해서도 안 됩니다.

채팅 설정

화면에 메시지를 입력하여 다른 플레이어와 대화할 수 있습니다. 모든 로블록스 채팅은 부적절한 언어가 사용되지 않도록 세심하게 모니터하며 필터링하고 있습니다.

만 12세 이하의 플레이어가 채팅을 이용할 때는 더욱더 엄격한 기준을 적용하고 있습니다.

로벅스

로벅스를 무료로 제공한다고 광고하는 게임에 가입하거나 불특정한 사용자가 보낸 링크를 클릭하면 안 됩니다.

로벅스는 공식 로블록스 회사를 통해서만 구매할 수 있으며 로벅스를 구매하려면 항상 로블록스 멤버십에 가입하거나 일시불로 결제해야 합니다.

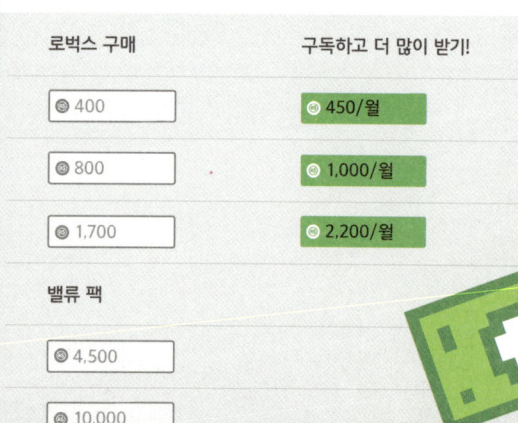

로벅스 구매	구독하고 더 많이 받기!
ⓡ 400	ⓡ 450/월
ⓡ 800	ⓡ 1,000/월
ⓡ 1,700	ⓡ 2,200/월
밸류 팩	
ⓡ 4,500	
ⓡ 10,000	

신고하기

게임에서 속상한 일이 생기거나 괴롭힘을 당하면 부모님이나 보호자에게 말해야 합니다. 아니면 불쾌한 행동을 로블록스에 직접 신고할 수도 있습니다.

직접 신고하려면, 화면 왼쪽 상단에 있는 메뉴 버튼을 클릭하고 사용자 이름 옆에 있는 깃발 아이콘을 클릭해 신고하거나 메뉴 상단에 있는 신고하기 탭을 클릭하세요. 로블록스의 규정을 위반한 게임이나 상점 및 라이브러리 아이템도 신고할 수 있습니다.

유용한 설정

부모님은 자녀의 로블록스 계정을 제한 설정할 수 있습니다.

계정 설정 옵션의 하위 항목인 보안 옵션에서 설정할 수 있으며, 게임 중에 다른 사람에게 연락처를 알릴 수 없도록 계정의 연락처 설정이 잠깁니다. 또 이용 가능한 게임 종류를 제한할 수 있습니다.

- 로블록스 꿀팁 -

부모님은 개인 정보 설정 그리고 비밀번호 등과 같은 항목을 보호할 수 있도록 사용자 설정을 잠그는 계정 PIN을 추가할 수 있습니다. 이 '2단계 인증'은 계정 담당자에게 코드를 전송하여 보안 단계를 추가하는 기능입니다.

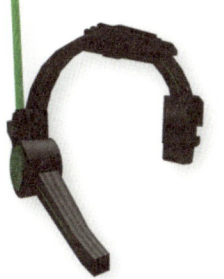

사회적 공유

게임 개발자는 자신이 만든 게임을 플레이하는 사람들에게 자신의 소셜 미디어를 공유할 수 있습니다.

홈페이지의 게임 섹션에서 이 옵션을 사용할 수 있습니다. 개발자는 게임 설명 란에 유튜브나 트위치를 포함한 최대 세 개의 소셜 미디어를 링크할 수 있습니다.

참고로, 소셜 미디어 링크는 만 13세 이상의 계정에서만 볼 수 있답니다.

최고의 로블록스 플레이 팁

로블록스 세계에서 숙련도에 상관없이 여러분이 여기에 나와 있는 유용한 힌트를 활용한다면, 게임을 더욱 재미있게 즐길 수 있을 뿐만 아니라 게임할 때 큰 도움이 될 것입니다.

굉장히 재미있는 게임들

둘러보기(게임 섹션)에는 수많은 게임들이 있기 때문에 어떤 게임을 플레이할지 고르기 어려울 수 있어요!

인기 순이나 최고 평점 순, 또는 추천 순위 등을 살펴보며 게임을 결정해 보세요. 그리고 게임이 얼마나 인기 있는지를 보여 주는 백분율 평점이나 동시 접속자 수 역시 여러분이 결정을 내리는 데 도움이 될 것입니다.

검색 창에 키워드를 입력해서 게임을 찾는 방법도 있답니다.

리더가 되세요

게임 내 리더보드에서는 플레이하고 있는 게임에 어떤 플레이어들이 함께 게임에 참여하고 있는지 알 수 있습니다. 또한 다른 플레이어들의

점수나 상태 아이콘 등의 정보를 확인하는 데 유용한 도구입니다. 상태 아이콘에는 친구, 프리미엄 회원, 로블록스 관리자 등의 상세 정보가 표시됩니다.

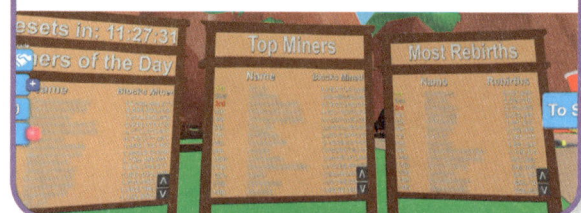

연습이 완벽을 만든다

로블록스 게임을 많이 하면서 기능에 익숙해질수록 게임을 더 잘하게 될 뿐 아니라 더 재미있는 시간을 보낼 수 있답니다!

다만 여러분이 부모님이나 선생님 같은 보호자와 게임하기로 약속한 시간을 꼭 지켜 주세요.

다양한 이벤트

로블록스 홈페이지 왼쪽에 있는 메뉴 옵션을 살펴보면, 맨 아래에서 이벤트(Events) 탭을 볼 수 있습니다.

여기에서는 독점 콘텐츠, 게임, 아이템 등이 포함된 비디오 게임, 영화 그리고 축제 시즌 이벤트 등을 소개합니다. 참고로 2020년 3월에는 블록시(BLOXYS) 시상식 이벤트가 대대적으로 보도되었답니다!

이벤트

특별한 추억을 담으세요

게임을 하다가 옵션 메뉴에 들어가 녹화 탭을 누르면 로블록스 게임을 플레이하는 순간을 동영상으로 녹화해 다시 볼 수 있어요.

녹화 버튼을 클릭한 다음, 뒤따르는 지시대로 따라 하세요. 게임하는 순간을 스크린샷으로 남길 수 있는 옵션도 있답니다.

대화 시간

로블록스 게임을 하면서 헤드셋으로 다른 플레이어와 대화를 하거나 채팅창에 메시지를 입력할 수 있습니다.

이런 행동들은 여럿이 게임을 즐기는 데 정말 많은 도움이 된답니다! 친구 및 동료 플레이어와 안전하게 연락하며 즐거운 시간을 보내세요. 그리고 온라인 안전에 관한 팁은 10~11쪽을 참고하세요.

함께 게임해요!

움직여 보세요

관절이 6개로 이루어진 R6 모드나, 관절 15개인 R15 모드, 가장 정교한 비율인 Rthro 모드로 아바타를 생성해서, 여러분이 좋아하는

모습으로 꾸며 보고 멋진 춤도 추게 해 봐요! 아바타가 우스꽝스러운 댄스를 추게 하는 이모츠(Emotes) 탭처럼 특정한 루틴을 명령하고 수행하는 게임도 있어요!

- 로블록스 꿀팁 -

게임 중에 아바타를 재설정하면 스폰 지점에서 다시 시작할 수 있답니다. 메뉴에서 캐릭터 재설정(Reset Character) 옵션을 선택해 보세요.

최고의 로블록스 게임을 찾아라

블록시 어워드(Bloxy Awards)는 로블록스 플랫폼에서 열리는 일 년 중 가장 큰 이벤트예요! 로블록스 세계 스타들에게 상을 주는 행사랍니다.

명예의 전당

블록시 어워드는 동영상 제작자와 애니메이터뿐 아니라 다양한 분야의 아티스트와 소셜 미디어 인플루언서들까지 참석하고 있습니다. 전 세계 수백만 명이 인터넷을 통해 실시간으로 시청하고 투표하여 해마다 20개 이상 부문에 상을 수여합니다!

올해의 모바일 게임

101
블록스부르크에 오신 걸 환영해요
개발자: Coeptus

- 평점: 90%
- 방문: 47억 명 이상(2021년 7월 기준)
- 개발 완료: 2014년 11월 4일
- 장르: 마을 및 도시

최고의 슬리퍼 히트

100
ADVENTURE UP!
개발자: Ready, set, play!

- 평점: 87%
- 방문: 5,530만 명 이상(2021년 7월 기준)
- 개발 완료: 2019년 5월 19일
- 장르: RPG

최고의 쇼케이스

99
Toyokawa Inari Shrine
개발자: nezko

- 평점: 86%
- 방문: 510만 명 이상(2021년 7월 기준)
- 개발 완료: 2019년 5월 9일
- 장르: 전체 장르

최고의 브레이크아웃 게임

98
Ninja Legends
개발자: Scriptbloxian Studios

- 평점: 60%
- 방문: 12억 명 이상(2021년 7월 기준)
- 개발 완료: 2019년 9월 22일
- 장르: 대전

최고의 로비

97
RUMBLE QUEST
개발자: Rumble Studios

- 평점: 87%
- 방문: 3억1290만 명 이상(2021년 7월 기준)
- 개발 완료: 2019년 11월 15일
- 장르: 전체 장르

최고의 게임 업데이트

96
입양하세요!
개발자: DreamCraf

- 평점: 92%
- 방문: 238억 명 이상(2021년 7월 기준)
- 개발 완료: 2017년 7월 14일
- 장르: RPG

올해의 게임

95

아스널
개발자: ROLVe Community

아스널은 블록시 어워드에서 여러 부문의 상을 받은 게임입니다.

2020년도에는 '올해의 게임' 을 수상했습니다. 입양하세요!, Royale High, Mad City, 그리고 블록스부르크에 오신 걸 환영해요 등과 같은 강력한 수상 후보들과 대결했지만, 아스널의 매끄러운 스타일과 액션 어드벤처의 모든 요소들이 대중들의 마음을 사로잡았습니다.

이 게임은 최고 수준의 1인칭 슈팅 게임이며, 무기와 커스터마이징이 가능한 콘텐츠로 오랫동안 게이머들에게 사랑받고 있습니다!

👍 최고의 게임 평점 : **92%**

방문: 30억 명 이상(2021년 7월 기준)
개발 완료: 2015년 8월 18일
장르: FPS

올해의 Xbox 게임

94

MURDER MYSTERY 2
개발자: Nikilis

올해의 Xbox 게임 상을 두고 ROBLOX 고등학교 2, Mad City 등과 함께 겨룬 MURDER MYSTERY 2는 수상의 영예를 안았습니다.

Xbox 플레이어들은 영광의 순간에 눈을 떼지 못했지요! 무고한 사람들과 보안관이 으스스한 장소에서 살인마와 대결하는 게임으로 쫓고 숨는 것만큼 무기를 들고 싸우는 것도 게임에서 많은 부분을 차지합니다.

살인마를 이기려면 팀워크와 전술이 필요하며, 보상으로 코인과 XP 부스트를 얻을 수 있습니다.

👍 최고의 게임 평점 : **94%**

방문: 56억 명 이상(2021년 7월 기준)
개발 완료: 2014년 1월 18일
장르: 공포

마을 및 도시

로블록스 게임에는 다양한 장르가 있습니다. 그 중에서도 마을 및 도시(Town and City)는 가장 규모가 크고 인기있는 게임 장르입니다! 경주용 자동차부터 강도, 그리고 도시 영웅부터 고등학교 소동까지 모든 특징을 골고루 가지고 있는 마을 및 도시 장르에서 최고의 게임을 확인해 보세요. 모험, 미션, 미니 게임, 그리고 업그레이드 등을 좋아한다면 마을 및 도시 속 풍경을 둘러보세요!

공개 평점

이 책은 100개가 넘는 로블록스 게임들을 소개하고 있으며, 각 게임에 평점을 매겼습니다! 평점이 높을수록 더 좋은 게임입니다. 평점은 재미, 난이도, 외형 그리고 개성 등과 같은 점수를 기반으로 한 종합적인 평가입니다. 여러분이 스스로 체험해 보고 가장 좋아하는 게임이 무엇인지 찾아보세요.

마을 및 도시

 MAD CITY

새로운 무기와 범죄, 빠르게 진행되는 액션, 그리고 주간 미션까지. Mad City에서 이 모든 것들을 경험할 수 있습니다. 몇 년 동안에 걸쳐 개발하고 방문자 수 10억 명을 넘게 기록한 이 게임은 한번 시작하면 깊게 빠져드는 세련된 스타일입니다.

사용자는 경찰이나 영웅, 죄수 중 한 팀을 선택하여 게임을 시작합니다. 캐릭터마다 재미가 있으며 게임을 시작하는 장소와 얻을 수 있는 아이템이 다릅니다. 경찰(Police)을 선택할 경우, 경찰 기지에서 방탄복을 6,000로벅스에 곧바로 살 수 있습니다. 물론 죄수(Prisoner)들도 체력을 최대 50HP까지 올릴 수 있는 방탄복을 살 수 있습니다.

개발자 : Schwifty Studios

- 최고의 게임 평점 : **82%** (2021년 7월 기준)
- 방문: 17억 명 이상(2021년 7월 기준)
- 개발 완료: 2017년 12월 3일
- 장르: 마을 및 도시

- 로블록스 꿀팁 -
MAD CITY 시즌 5 미니 업데이트 버전에서는 경찰이 호루라기를 불면 경찰견이 죄수를 쫓아 공격합니다.

Mad City에서는 선택한 팀에 대한 미션을 완료하면 보상을 받을 수 있습니다. 예를 들어 체포, 강도짓, 탈출 등의 미션 말이지요. 미션을 완료하면 체력이 증가하여 더 높은 순위로 오를 수 있습니다.

로블록스 게임 유저들은 Mad City와 '탈옥수와 경찰' 게임 중 어떤 게 더 좋은 게임인지 토론하곤 합니다. 두 게임은 매우 닮았지만 Mad City는 좀 더 오래된 게임 스타일이며 더 큰 맵을 갖고 있습니다.

영웅은 언제나 가장 인기 있는 캐릭터입니다. 영웅은 Hotrod(속도), Inferno(불 공격) 그리고 Proton (레이저 빔) 같은 능력을 갖고 있기 때문에 게임의 흐름을 주도할 수 있지요. 슈퍼 히어로 로비에서 역도를 들면 빠르게 HP를 올릴 수 있습니다. 영웅의 근육을 자랑해 보세요.

Schwifty Studios 개발자들은 새롭고 흥미로운 게임을 잘 만들어 냅니다. 그렇기 때문에 많은 로블록스 게임 유저들은 Mad City를 플레이하지요.

2020년 봄, MAD CITY 시즌 1 이후로 항상 똑같았던 공항을 새로 단장한 사례처럼 배경과 시설을 업데이트하면 유저들이 새로운 보상, 무기, 스킨 등을 확인하러 들릅니다. MAD CITY 시즌 5 에서는 멋진 플레이어 거주지가 생겼답니다.

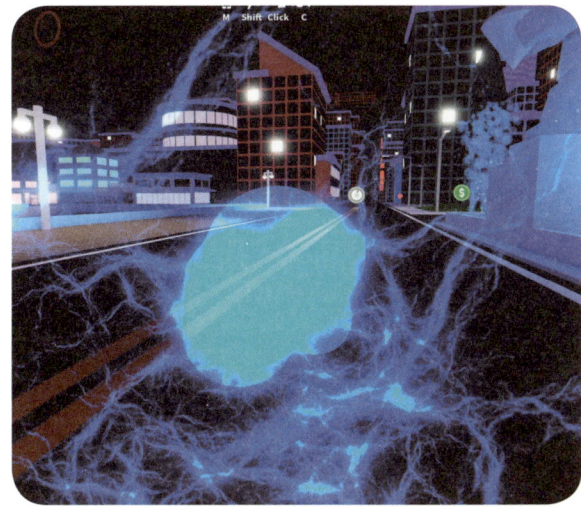

마을 및 도시

 탈옥수와 경찰

> 좋은 팀을 할 것인가, 나쁜 팀을 할 것인가? 정의를 위해 싸울 것인가, 재주껏 빼앗고 약탈할 것인가? 마을 및 도시 장르이자 로블록스 RPG 장르의 대표적인 게임인 탈옥수와 경찰은 다양한 선택과 옵션, 극적인 사건으로 가득합니다.

경찰을 선택하면 권총, 테이저건, 수갑, 스파이크 트랩 등 네 가지 기본 아이템이 있습니다. 경찰 캐릭터는 기지 내부에서 도망치는 범죄자 캐릭터를 잡아야 합니다. 체포해야 하는 사람 수 등의 정보를 확인할 수 있는 상태 바와 일일 미션을 자세히 살펴봐야 해요. 참고로, 경찰차가 범죄 차량보다 약간 더 빠르기 때문에, 강도들과 도로 위에서 추격전을 벌일 때 도움이 된답니다.

죄수를 선택하면 아주 은밀하게 행동해야 합니다. 경찰이 가지고 있는 키카드를 소매치기하여 감옥을 탈출한 다음 은행을 습격하세요! 감옥을 탈출할 때

개발자: Badimo

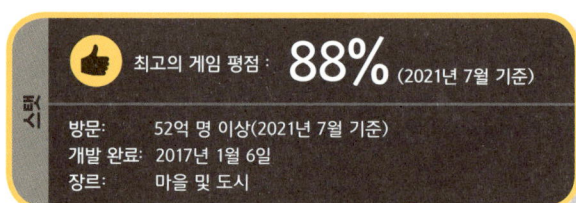

최고의 게임 평점: **88%** (2021년 7월 기준)

방문: 52억 명 이상(2021년 7월 기준)
개발 완료: 2017년 1월 6일
장르: 마을 및 도시

터널을 쓸 수 있으며, 기어서 철조망을 통과할 수 있습니다. 그리고 다른 범죄자와 힘을 합쳐 보안 시스템을 뚫으세요. 참고로, 월 패드를 주먹으로 치면 간단하지만 효과적으로 문을 열 수 있습니다.

현명하게 행동하되, 너무 어렵게 생각하지 마세요. 차로 부딪쳐서 철조망을 열 수 없다면 차 위에 서서 장벽을 뛰어 넘어 보세요.

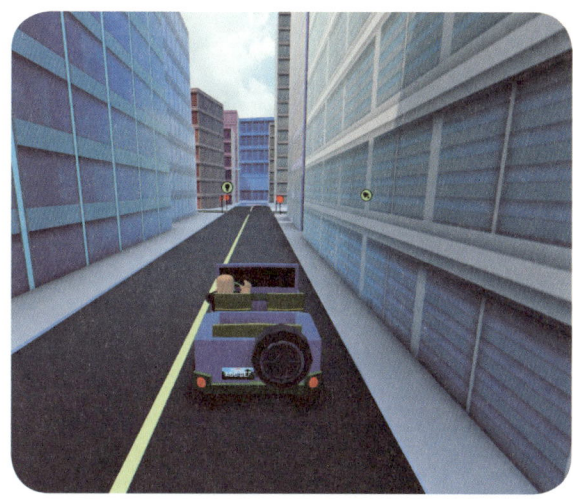

지금이 기회예요!

준비 완료!

탈옥수와 경찰 게임에서는 차를 타고 있을 때 음악을 재생할 수 있습니다. 차를 타고 고속도로를 질주할 때나 헬리콥터를 타고 공중을 날아갈 때 더 큰 재미를 느낄 수 있을 것입니다. 물론 음악을 들으려면 250로벅스를 내야 하지만 색다른 분위기를 느끼며 게임하고 싶다면 한번 시도해 보세요.

게임하다가 경찰관이나 범죄자 역할을 바꾸고 싶을 땐 어떻게 할까요? 탈옥수와 경찰 게임은 눈 깜짝할 사이에 다른 팀으로 바꿀 수 있는 옵션이 있습니다. 컴퓨터 화면 왼쪽에 보이는 주황색-파란색 막대 모양 아이콘을 누르면 다른 팀으로 바뀝니다. 이 옵션은 죄수와 경찰을 혼란에 빠뜨리는 방법이 되기도 합니다.

- 로블록스 꿀팁 -

2020년 봄, 탈옥수와 경찰 대규모 미니 업데이트 때 처음으로 무기 스킨이 추가되었습니다.

마을 및 도시

로블록시안 고등학교

모든 마을 및 도시 장르 게임이 자동차에 열광하며 선악 대결 구도로 이루어진 것은 아닙니다. 로블록시안 고등학교는 집, 아바타, 탈것 등을 꾸미고, 코인을 모으고, 친구를 사귀는 데 중점을 두고 있어서 훨씬 더 편안한 분위기에서 게임을 즐길 수 있습니다.

수억 명의 방문자와 4백만이 넘는 즐겨찾기 수만 보더라도, Robloxian High School Group의 개발 팀은 다양한 모험을 만드는 법을 잘 알고 있네요!

RPG에 중점을 둔 마을 및 도시 장르 게임인 만큼, 유저는 집, 마을, 그리고 학교 등을 기반으로 로블록시안 세계를 탐험합니다. 학교 강의 시간을 보려면 스케줄 옵션을 누르세요. 내비게이션 버튼을 누르고 화살표 방향대로 따라가면 강의실 위치를 알 수 있습니다. 수업에 출석하여 코인을 모으세요. 진짜 학교도 로블록시안 고등학교처럼 멋지면 얼마나 좋을까요?

개발자 : Robloxian High School

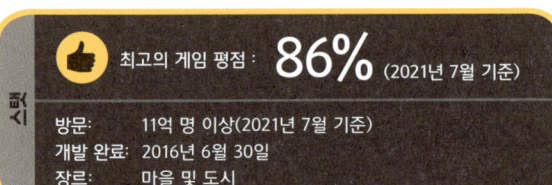

최고의 게임 평점 : **86%** (2021년 7월 기준)

방문: 11억 명 이상(2021년 7월 기준)
개발 완료: 2016년 6월 30일
장르: 마을 및 도시

- 로블록스 꿀팁 -

Robloxian High School Group은 사랑과 같은 감정을 주제로 한 House of Hearts for Valentines Day 등과 같은 새로운 업데이트와 기능을 추가했습니다.

볼 것이 너무 많아요!

스프린트 버튼(초록색)을 누르면 속도를 높여 빠르게 이동할 수 있습니다. 차를 타고 학교에 가다가 지각했다면, 차를 타고 건물 쪽으로 달려 들어가세요. 훨씬 더 빨리 학교에 들어갈 수 있을 거예요! 제 시간에 도착할 수 있기를 바랍니다!

로벅스를 쓰면 누구나 차량을 다양하게 업그레이드할 수 있어요. 행글라이더를 선택해서 고층 건물 위에서 뛰어내려 보세요. 자유 낙하를 경험하며 정말 즐거운 시간을 보낼 수 있어요!

요리 수업은 항상 군침을 흘려야 하는 시간이에요! 맥앤치즈나 스파게티 등과 같은 맛있는 요리를 먹으면 학교생활을 잘 견딜 수 있는 힘이 생긴답니다. 그리고 점심시간에 배를 다시 채우고 나면 과학 수업과 같은 머리를 쥐어 짜는 수업 시간에 교과서를 풀 수 있을 거예요. 가끔은 로블록시안 고등학교에도 이렇게 힘든 순간이 있답니다.

학교가 끝나면 집으로 돌아와, 집을 파티하는 것처럼 꾸며 보세요. 즐거운 집안 생활을 보내는 것도 이 게임에서 중요합니다. 항상 걸어 다닐 필요는 없어요. 탐색 옵션에서 텔레포트 버튼을 누르면 눈 깜작할 사이에 다른 곳으로 이동할 수 있습니다.

로블록시안 고등학교에서는 아바타를 개성 있게 꾸밀 수 있습니다. 새롭게 업데이트된 아바타 편집기 3.0에는 장신구 색을 바꾸거나 갖고 있는 아이템에 변화를 주는 새로운 기능들이 많습니다. 정말 멋지지요?

마을 및 도시

90 MEEPCITY

개발자: alexnewtron

> MeepCity는 로블록스 역사상 방문자 수가 가장 많은 로블록스 게임입니다. 이 롤플레잉 게임은 방문자 수 100억 명이 넘어가며 동시 접속자 수 10만 명을 기록했습니다. 굉장하죠!

👍 최고의 게임 평점 : **91%**

방문: 109억 명 이상(2021년 7월 기준)
개발 완료: 2016년 2월 23일
장르: 마을 및 도시

MeepCity는 로블록스 게임 최초로 방문자 수 10억 명을 기록했으며, 2019년에는 방문자 수가 40억 명을 훨씬 넘었습니다. 이 게임을 플레이하며 최고의 액션으로 가득한 모험을 즐길 수 있어요. 아바타는 미니 게임을 하고, 낚시하고, 집을 지어 가구로 꾸미고, 파티에 참석하고, 게임 속에서 다른 사람들과 교류할 수 있습니다.

MeepCity에서는 밉이라고 부르는 펫을 구입할 수 있습니다. 펫 상점에서 100코인에 밉을 살 수 있으며, 밉의 색상도 고를 수 있고 이름도 지어 줄 수 있답니다! 커스터마이징 옵션으로는 100코인 미만의 헤드기어나 헤어스타일부터 수천 코인이 드는 모자까지 다양합니다. 현명한 '밉퍼'는 엄청나게 비싼 밉 아이템에 돈을 낭비하지 않아요.

낚시는 코인을 얻을 수 있는 좋은 방법입니다. 낚싯대를 물고기가 숨어 있는 어두운 물속으로 조준하세요. 펫 상점에서는 다양한 물고기를 팔아 코인으로 교환할 수 있습니다. 참고로 양동이에 물고기 20마리까지 넣을 수 있습니다.

경험이 많은 밉퍼는 코인을 사용하여 낚싯대를 빠르게 업그레이드합니다. 업그레이드하는 이유는 낚싯대가 좋을수록 값비싼 희귀 물고기를 잡을 확률이 높아지기 때문입니다. 1500코인을 모으면 금 낚싯대를 살 수 있습니다. 금 낚싯대로 희귀 물고기를 낚을 확률을 높여 보세요.

우리 마을에 온 것을 환영합니다.

- 로블록스 꿀팁 -

MeepCity는 게임을 관리, 개발 및 유지 보수하기 위한 전담 팀을 운영하고 있습니다.

블록스부르크에 오신 걸 환영해요

개발자: Coeptus

블록스부르크에 오신 걸 환영해요 게임은 로블록스 플랫폼에서 상당히 오래되었지만, 출시된 지 7년이 지난 지금도 여전히 많은 화제가 되고 있습니다! 2019년, 롤플레잉에 중점을 둔 이 게임은 방문자 수 10억 명을 기록하며 인기 게임으로 자리 잡았습니다. 또한, 기록을 깬 최초의 유료 게임입니다.

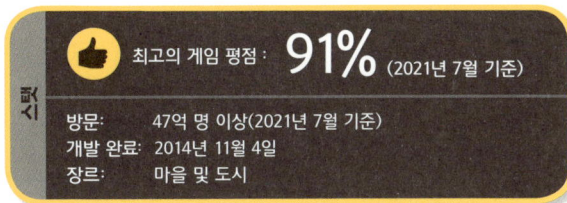

최고의 게임 평점: **91%** (2021년 7월 기준)
방문: 47억 명 이상(2021년 7월 기준)
개발 완료: 2014년 11월 4일
장르: 마을 및 도시

블록스부르크에 오신 걸 환영해요 게임은 '휴식, 탐험, 작업 및 건설' 콘셉트입니다. 물론 항상 이 순서대로 진행하는 것은 아닙니다. 최대 12명의 플레이어를 수용하는 서버를 사용하기 때문에 쾌적하게 게임을 플레이할 수 있으며 모험마다 다양한 보상이 준비되어 있습니다.

게임을 시작할 때 계산원, 아이스크림 판매인, 관리인 그리고 어부 등 다양한 직업 중 하나를 선택할 수 있어요. 일자리에 따라 받는 급여가 다르며 성공적으로 미션을 완료하면 승진할 수 있습니다. 참고로 급여를 받으려면 교대 근무를 완료해야 해요.

게임에서 건설은 가장 중요한 부분입니다. 빌드 모드 아이콘을 클릭하면 건설과 디자인을 시작할 수 있습니다. 자신 있게 집을 지어 보세요. 로벅스를 사용하여 꾸미면, 여러분의 집을 더욱더 돋보이게 만들 수 있습니다.

거기 누가 살고 있나요?

- 로블록스 꿀팁 -

2019년, 블록스부르크에 오신 걸 환영해요 게임은 로블록스 플랫폼 사상 최초로 동시 접속자 수 10만 명을 기록했습니다.

| 마을 및 도시

PACIFICO 2: PLAYGROUND TOWN

개발자: UrbanSector

수십억 명 이상이 방문한 Mad City와 MeepCity보다는 규모가 적지만, PACIFICO 2 : Playground Town 게임 역시 디테일이 살아 있는 모험을 통해 여러 시간 동안 액션을 즐길 수 있어서 유저들에게 인기가 많습니다. 다양한 레이싱을 할 수 있는 Playground Town은 진정한 자동차 팬을 위한 게임입니다.

최고의 게임 평점 : 90% (2021년 7월 기준)

- 방문: 1710만 명 이상(2021년 7월 기준)
- 개발 완료: 2020년 6월 25일
- 장르: 마을 및 도시

시민, 카페 직원, 경찰관, 병원 직원, 식당 직원, 회사원, 레이서 그리고 범죄자 중에서 팀 하나를 선택하세요. 예를 들어, 레이서를 선택하면 자동차 20대 정도를 무료로 고를 수 있습니다. 그 밖의 다른 자동차 시리즈는 로벅스로 구매할 수 있어요. 팀을 선택하면 이제 마을을 돌아다닐 시간입니다. 경찰관의 경우에는 긴급 차량을 추가로 사용할 수 있답니다.

PACIFICO 2: Playground Town 게임은 느긋하게 맵을 돌아다니며 여유롭게 플레잉할 수 있어요.

집을 사거나, 고급 호텔에서 휴식을 취하거나, 상점에서 필수 음식과 에너지 음료를 마음대로 가져오고 휴대폰을 가지고 노는 등 기발하고 재미있는 옵션들도 있습니다.

이 게임에서는 리더보드와 포인트를 제공하지 않기 때문에 경쟁하기 위해 이 게임에 들어왔다면 실망할지도 모릅니다. 하지만 여러분이 샌드 박스 게임 팬이고 도시 이곳저곳을 돌아다니는 것을 좋아한다면, 바로 시작해 보세요!

새로 뽑은 차를 구경해 보세요!

- 로블록스 꿀팁 -

플레이어들은 빨간불에서 멈추고 방향 지시등을 켜는 등 진짜처럼 아주 신중하게 운전합니다. 이들은 아끼는 차가 망가지는 것을 좋아하지 않는답니다.

87 로시티즌

개발자: Firebrand1

> 로시티즌 게임 유저들은 직업을 갖고 차량을 구입하며, 사회 활동과 커스터마이징 등 여러 미션을 수행해야 해요! 즐겨찾기가 3백만이 넘으며, 한 번에 수만 개의 서버를 운영하고 있는 것으로 봤을 때 이 게임이 정말 인기가 많습니다.

스탯
- 최고의 게임 평점: **88%** (2021년 7월 기준)
- 방문: 7억 1930만 명 이상(2021년 7월 기준)
- 개발 완료: 2013년 12월 6일
- 장르: 마을 및 도시

게임을 시작하면 아바타는 집을 짓거나 살 수 있습니다. 때로는 빈 땅에 지을 건물을 불러올 수도 있습니다. 여러분에게 필요한 모든 일일 정보는 휴대폰에서 쉽게 볼 수 있어요. 업무 진행 상황, 메시지 그리고 차량 세부 정보까지 버튼 하나만 누르면 볼 수 있습니다. 유저에게는 게임에 날마다 들어올 때마다 일일 현금 보너스를 줍니다. 일반적으로 100달러부터 시작하지만 6일차에는 3,000달러까지 증가한답니다.

이 게임의 개발자인 Firebrand1은 로시티즌에서 사용할 수 있는 코드를 공개하곤 합니다. 코드를 입력하면 사용자가 게임에서 사용할 수 있는 현금, 아이템, 그리고 심지어 화려한 트로피까지 얻을 수 있습니다. 2020년 초, 게임 방문자 수가 5억 명을 돌파한 것을 축하하면서 Firebrand1은 5,000달러를 주는 코드 '500million'을 공개하기도 했어요. 굉장하죠! 이런 코드에 대한 자세한 내용은 로블록스 홈페이지에서 확인할 수 있습니다.

특정 테마를 주제로 한 물건과 집을 꾸밀 수 있는 가구뿐만 아니라 다양한 건물 아이템이 있습니다. 캐릭터 편집기와 게임 내 이모트 버튼도 써 보세요. 휴식 버튼이나 수면 버튼을 클릭하면 로시티즌 놀이터에서 느긋하게 쉴 수 있어요.

- 로블록스 꿀팁 -
이 게임은 처음 출시되었을 때에는 RoSims라고 불렸지만 2014년에 로시티즌으로 이름이 바뀌었습니다.

코미디

로블록스에는 웃고 즐길 수 있는 게임도 있습니다. 코미디 장르는 이런 목적으로 만들어졌지요. 코미디 장르 개발자들은 장난과 바보 같은 행동으로 가득한 게임을 고안했습니다. 물론 다른 로블록스 장르 중에도 웃기는 게임들이 많지만, 코미디 장르는 경쟁과 전략보다는 플레이어들이 느긋하게 즐기면서 웃는 데 중점을 두고 있답니다. 이젠 코미디 장르를 즐기며 신나게 웃어 보세요!

코미디

86 벽에 난 구멍

이름에서 예상할 수 있듯 이 코미디 게임은 벽에 난 구멍과 관련이 있습니다. 개발자 EricThePianoGuy는 2008년 영국 TV 쇼에서 아이디어를 얻어 간단한 시스템을 생각해 냈습니다. 커튼 뒤에서 나타난 큰 벽이 플레이어를 향해 계속 다가옵니다. 벽을 피해 살아남는 유일한 방법은 벽이 플레이어를 지나는 순간 벽에 난 구멍으로 통과하는 것입니다. 쉬울 것 같지만 그리 만만하지 않아요.

게임을 시작하면 여러분은 빨간색 팀이나 파란색 팀으로 배정됩니다. 게임은 혼자 할 수도 있고 팀으로 플레이할 수도 있지만, 싱글 모드에서도 팀과 함께 플레이하는 경기가 있어요. 게임 차례가 되면 여러분은 자동으로 플레이 구역으로 이동합니다. 참고로, 벽으로부터 숨을 곳이 없답니다! 그리고 여러분 앞에 나타날 벽의 난이도를 알려 주는 메시지가 표시됩니다.

개발자: EricThePianoGuy

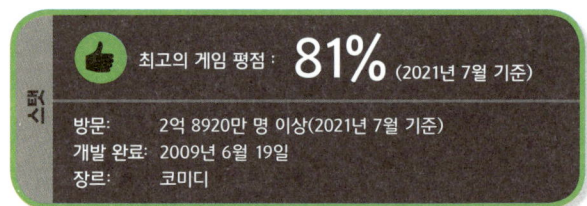

스탯
- 최고의 게임 평점: **81%** (2021년 7월 기준)
- 방문: 2억 8920만 명 이상(2021년 7월 기준)
- 개발 완료: 2009년 6월 19일
- 장르: 코미디

앉기, 눕기, 다이빙, 물구나무서기 등 화면 지시에 따라 행동하세요. 너무 미리 준비하지 말고 벽이 도달하는 타이밍에 맞춰 구멍을 통과하세요. 그렇지 않으면 벽에 밀려 물속으로 빠집니다!

이 게임에서는 타이밍이 매우 중요하기 때문에 너무 일찍 다이빙하거나 점프하면 안 됩니다. 팀원 모두 구멍을 통과할 수 있도록 협력해야 해요.

차례를 기다리는 동안 다른 사람들이 벽을 통과하는 방법을 살펴보면 몇 가지 유용한 팁을 얻을 수도 있습니다. 예를 들어, 물구나무를 서면 몸이 날씬해져서 아주 작은 구멍도 쉽게 통과할 수 있어요.

구멍이 항상 같은 크기일 거라고 생각하지 마세요. 흔들리는 왕 바나나나 회전하는 도넛 등이 나타나는 말도 안 되는 미션이 주어질 수도 있습니다. 구멍을 통과하여 다음 단계로 넘어갈 때마다 코인을 보상으로 받을 수 있으며 리더보드에 표시됩니다.

벽에 있는 웃기는 캐릭터들을 그렇게 싫어하지는 말자고요. 거대한 미니언즈나, 핀과 제이크의 어드벤처 타임, 닥터 후 캐릭터가 달려온다는 사실을 잊더라도 구멍을 통과하는 그 자체로 충분히 힘든 일이니까요.

- 로블록스 꿀팁 -

벽에 난 구멍 미션 중 몇몇 단계는 도저히 통과가 불가능하다고 알려져 있지만, 사실은 이런 구멍들도 통과할 수 있습니다. 계속 연습하세요!

||||| 코미디

85 COMEDY HUB

개발자: Endless Amazement

로블록시안들은 독창적이고 잘 만들어진 게임이 출시되면 바로 모여들어요. Comedy Hub는 다른 게임처럼 질주하는 차와 액션이 가득한 게임은 아니지만 웃으면서 재미있게 즐길 수 있으며 상상력으로 가득 찬 게임이랍니다. Comedy Hub는 출시된 뒤 몇 달 만에 700만 명이 방문한 대표적인 코미디 게임입입니다.

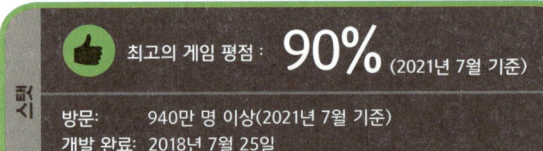

- 최고의 게임 평점 : **90%** (2021년 7월 기준)
- 방문: 940만 명 이상(2021년 7월 기준)
- 개발 완료: 2018년 7월 25일
- 장르: 코미디

다른 이들을 웃기고 싶다면 지금 바로 이 게임을 시작해 보세요. 코미디 클럽에 들어가면 무대에 올라서 청중을 웃게 만들 수도 있고 다른 사용자가 던진 농담이 재미있는지 재미없는지 결정할 수도 있습니다. 농담이 너무 재미없었다면, 공연자들에게 토마토를 던지세요. 농담하는 사람으로 하여금 자기가 한 농담이 얼마나 끔찍한지 알려 주는 토마토 대포도 있답니다!

- 로블록스 꿀팁 -
웃음 또는 응원 등의 애니메이션을 사용하여 다른 플레이어의 무대에 반응할 수 있습니다.

무대 옆으로 가서 여러분의 농담을 펼칠 준비를 하세요. 사람들이 여러분의 무대를 좋아하면 클럽에서 사용할 수 있는 스마일을 얻을 것입니다. 게임 입장에 대한 일일 보상으로 스마일을 받을 수도 있습니다. 무대에서 공연을 시작하기 전에 농담을 준비하거나 게임에서 무작위로 제공하는 농담을 사용하세요. 행운을 빌어요. 그리고 즐겁게 웃어 보세요!

THE COMEDY ELEVATOR

개발자: Client Sided Industries

'경고: 이 게임은 여러분을 웃게 할 것입니다!' 라는 문구로 소개하는 게임은 정말 재미있어요. The Comedy Elevator도 그렇지요. 개발자인 Client Sided Industries는 '만약 철학적인 게임을 선호한다면 책을 읽는 것이 좋습니다!' 라는 경고를 덧붙였습니다. 그러니 이 조언을 그냥 웃어넘기지 마세요!

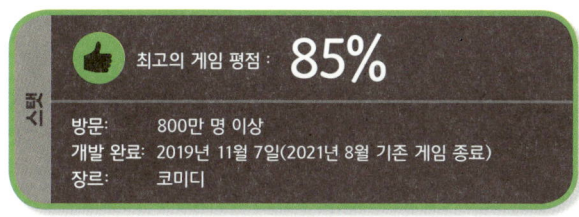

스탯	
최고의 게임 평점:	85%
방문:	800만 명 이상
개발 완료:	2019년 11월 7일(2021년 8월 기존 게임 종료)
장르:	코미디

이 게임을 다른 게임처럼 정상적으로 접근하려 들지 마세요. 물론 포인트를 모을 수 있고 구매할 수 있는 패스 및 패키지와 입장 가능한 VIP 구역이 있긴 하지만 이것들은 단지 설정일 뿐, 실제로는 마음껏 오갈 수 있답니다. 로비 구역에서 엘리베이터를 타고 어떤 우스꽝스러운 층으로 이동하는지 확인해 보세요. 엘리베이터 문이 열리면 장애물 코스부터 거대한 개, 통통 튀는 돼지에 이르기까지 다양한 상황을 경험할 수 있어요. 미니 게임과 모험이 끝없이 나타난답니다!

이 게임은 친구들과 함께 즐길 수 있습니다. 팀을 짜서 엘리베이터를 타고 재미있는 여행을 할 수 있어요. 그리고 돌아다닐 때 벽에 걸린 재미있는 밈과 포스터를 잘 살펴보세요. 게다가 운 좋게 '방귀 구역'에 도착하면 주변의 다른 아바타를 완전히 날려 보낼 수도 있답니다.

The Comedy Elevator은 예측할 수 없기 때문에 엘리베이터 문이 열릴 때마다 다양한 경험을 할 수 있답니다. 행운을 빌어요!

- 로블록스 꿀팁 -

2020년 초에 개발자 JustVuse의 The Natural Elevator라는 게임이 출시되었어요. 으스스하고 유치한 것들을 결합한 게임이에요.

중세 및 판타지

중세 및 판타지

중세 및 판타지 게임은 찾는 데 좀 애를 써야 하지만, 로블록시아의 여느 게임과는 다른 액션, 신화 그리고 모험의 세계를 경험할 수 있답니다. 시간을 거슬러 전투가 있는 위험한 땅으로 들어가 보세요. 무한한 기회가 주어지는 세계에서 고대 전사, 몬스터, 그리고 용 등과 한 팀이 되어 보세요. 부디 즐거운 시간이 되길 바라며!

중세 및 판타지

83 유성우! 드래곤 어드벤처

판타지 게임은 다양한 게임 장르들이 섞일 수 있지만, 창의적이고 새로운 경험들로 가득해야 하며 전술적 사고를 할 수 있게끔 합니다. 유성우! 드래곤 어드벤처는 매우 짧은 시간에 수십만 명 팬을 확보했습니다. 이제 드래곤과 사악한 몬스터가 싸우는 판타지 세계로 여행을 떠날 시간입니다.

이 게임에서는 팀을 구성하고 드래곤을 이용하여 적과 싸워야 합니다. 하지만 드래곤 키우기를 좋아하는 플레이어들이 많답니다. 드래곤을 부화시켜 키우면 강력한 친구가 될 수 있어요.

개발자: Sonar Studios

최고의 게임 평점 : **88%** (2021년 7월 기준)

방문: 2억 6530만 명 이상(2021년 7월 기준)
개발 완료: 2019년 7월 15일
장르: 판타지(모험)

- 로블록스 꿀팁 -

개발자인 Erythia의 생일은 2월 29일입니다. 4년마다 찾아오는 날이지요. 2020년, 그녀는 생일날 자신이 겨우 다섯 살이라고 농담했답니다!

하늘 높이 올라가세요!

튜토리얼

카메라를 향한 다음 W 키를 사용하여 비행하세요! 불을 내뿜으려면 W를 길게 누르세요! 그리고 불을 이용해 적을 물리치세요!

드래곤 레어 버튼을 누르면, 선택할 수 있는 동물이 나타나며 해당 동물의 나이, 음식, 품종 등의 정보도 확인할 수 있어요. HP 상태도 항상 확인해야 해요.

신화 속 동물을 더 많이 만들기 위해 드래곤을 키울 수도 있습니다. 유성우! 드래곤 어드벤처 속 세계인 웨이스트랜드에서는 플레이어가 드래곤을 타고 높이 날아다니면서 하늘을 떠다니는 섬과 황폐한 환경에 과감하고 용감하게 맞서야 해요. 그리고 더 높은 레벨에 도달할 수 있도록 열심히 노력하고 연습하세요. 드래곤마다 비행 속도나 요구 사항이 다르므로 잘 선택해야 합니다.

유성우! 드래곤 어드벤처의 분위기와 기능에 익숙해질 수 있도록 유용한 튜토리얼 옵션을 제공하고 있기 때문에 지금 설명한 것들이 조금 복잡하더라도 걱정하지 마세요.

유성우! 드래곤 어드벤처를 제작한 Sonar Studios는 뛰어난 재능을 갖춘 개발자 모임입니다.

유성우! 드래곤 어드벤처는 6개월 만에 방문자 수 5천만 명을 기록했습니다. Sonar Studios에는 로블록스 개발자인 TamBrush와 Alertcoderf가 있으며, Erythia는 수석 개발자로 참여하고 있습니다. Erythia와 팀원들은 2020년 3월 새로운 업데이트를 공개했고, 아주 짧은 시간에 동시접속자 수 10만 명이라는 목표를 달성했습니다.

새로운 친구를 만나보세요.

한 번에 한 걸음씩.

중세 및 판타지

KINGDOM LIFE II

개발자: DevBuckette

유명한 로블록스 개발자 Boopbot은 2009년쯤 DevBuckette, thelolguy301 등 여러 개발자들과 함께 Kingdom Life 시리즈를 처음으로 공개했습니다. Kingdom Life 시리즈는 중세 장르 중에서 가장 많이 즐겨찾기 등록이 되었으며, 팬들은 Kingdom Life III가 나오길 간절히 기다리고 있답니다.

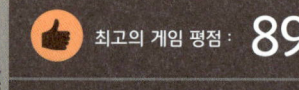

최고의 게임 평점: **89%** (2021년 7월 기준)
방문: 5600만 명 이상(2021년 7월 기준)
개발 완료: 2012년 7월 3일
장르: 중세

Kingdom Life II는 중세 판타지 장르의 장점을 크게 강화했어요. 플레이어는 자신만의 캐릭터를 만든 다음 무기와 아이템을 이용해 맵에서 승리해야 합니다. 엘프, 유령, 늑대 등 당신의 상상력이 이끄는 대로 다양한 동물의 세계로 들어가면, 환상의 세계가 눈앞에 펼쳐질 거예요.

- 로블록스 꿀팁 -

아바타 이름을 재미있는 판타지 캐릭터로 정해 보세요. 게임할 때 아바타 위에 이름이 표시됩니다.

게임 페이지에는 흥미로운 Kingdom Life 스핀오프 게임이 있어요. AyeltsJason이 개발한 Kingdom Life II Classic 그리고 Kingdom of Hreinngar에서도 중세 시대를 배경으로 한 멋진 판타지 롤플레잉 액션을 경험할 수 있습니다. 기묘한 힘과 신화와 관련된 배경지식을 활용하여 중세 맵에서 미션을 클리어하세요.

아악!

왕국을 둘러보세요.

MEDIEVAL WARFARE: REFORGED

개발자: Cody_Nelson

그레이울프 왕국, 코블록스 왕국, 레드클리프 왕국 그리고 오버서 왕국 중 하나를 선택해서 게임을 시작하세요. 다른 팀과 싸워서 무기를 모으고 자원을 채굴하세요. Medieval Warfare : Reforged는 여러분의 눈을 오랫동안 떼지 못하게 만들 것입니다.

최고의 게임 평점 :	**82%** (2021년 7월 기준)
방문:	3670만 명 이상(2021년 7월 기준)
개발 완료:	2013년 3월 16일
장르:	중세(대전)

채굴 작업을 할 때에는 물약을 사용해서 체력을 올리는 게 좋습니다. 광석과 나무를 모으면 코인으로 교환할 수 있습니다. 참고로, 일일 로그인을 하면 코인을 받을 수 있어요. 맵 주변에는 구리, 금, 석영, 다이아몬드, 자수정, 지오나이트, 코발트, 토파즈 등의 귀중한 광석이 표시되며 이 광석들은 모두 광산에서 찾을 수 있답니다. 이제, 곡괭이를 꺼내 일하러 가세요!

채굴할 때는 적의 접근에 무방비 상태가 됩니다. Medieval Warfare : Reforged에서는 적의 공격만 조심하면 됩니다. 다양한 무기를 사용해 보세요. 채굴을 할수록 더 크고 더 좋은 무기를 손에 넣을 수 있어요. 대장장이를 통해서도 무기를 제작할 수 있답니다.

게임 패스와 특별 아이템을 사용해 보세요. 광석 추적기와 나무 추적기 같은 아이템으로 광석과 나무가 스폰되는 위치를 찾을 수 있답니다. 그리고 보너스 데미지, 효율적인 채굴, 빠른 스프린팅, 더 빠른 벌목 등의 게임 패스들을 이용하면 왕국에서 우위를 차지할 수 있어요.

하룻밤 묵고 가시겠습니까?

- 로블록스 꿀팁 -

게임 속 모든 왕국에서는 투표로 왕을 뽑을 수 있습니다. 왕국을 통치하고 싶은가요?

전투 개시!

모험

모험을 하고 싶다면 잘 찾아왔습니다. 모험 장르 게임은 진행 속도가 빠르고 예측할 수 없으며, 무엇보다도 모험으로 가득 차 있습니다. Ninja Legends와 벌떼 시뮬레이터와 같은 수백만 히트작 게임부터 엄청난 성공을 거둔 Time Travel Adventures에 이르기까지 멋진 로블록스 모험 장르 게임에 대해 알아보겠습니다.

| 모험

80 NINJA LEGENDS

수백만 로블록스 팬들은 Scriptbloxian Studios의 수석 개발자 Scriptbloxian에게 고마워해야 할 겁니다! 2019년 초에 엄청난 인기를 끌었던 Legends of Speed 게임의 차기작인 Ninja Legends 게임은 2019년 9월 로블록스에 공개되자마자 5개월 만에 방문자 수 7억 명을 기록했습니다.

Ninja Legends는 모험심이 강한 로블록시안들에게 인기를 얻고 있습니다. 이 게임의 테마는 멋진 섬들을 돌아다니며 최고의 닌자가 되기 위해 훈련하고 리더보드에 이름을 올리는 것입니다. 대나무 지팡이나 칼 등과 같은 다양한 무기를 휘둘러 훈련할 수 있으며, 인술을 팔아 코인으로 교환하거나 성능이 뛰어난 무기와 공격력을 돈으로 구매할 수 있습니다.

개발자: Scriptbloxian Studios

👍 **최고의 게임 평점 : 91%** (2021년 7월 기준)

방문: 12억 명 이상(2021년 7월 기준)
개발 완료: 2019년 9월 22일
장르: 모험(대전)

- 로블록스 꿀팁 -
Ninja Legends는 출시된지 몇 주 만에 동시 접속자 수 20만 명을 기록했습니다. 굉장하죠!

야옹!

야옹!

귀여운 펫은 무술 미션에 도움이 돼요.

로블록스 유저들이 한결같이 좋아하는 Ninja Legends 게임은 HD Games 개발자가 만든 광선검 시뮬레이터 게임과 같은 장르입니다. Scriptbloxian 개발자가 정기적으로 업데이트하고 코드를 공개하고 있기 때문에 게임은 날마다 새롭고 재미있으며 흥미로운 경험으로 가득합니다. 혹시 로벅스를 많이 갖고 있다면 닌자 캐릭터를 강화할 수 있는 게임 패스를 사 보세요. x2 인술, x2 코인, 그리고 x2 속력 같은 게임 패스를 구매하면 플레이 속도가 엄청나게 빨라질 거예요!

기를 얻기 위해 다른 닌자들을 제거하면 치 레벨이 증가합니다. 그렇게 무섭지는 않으니 겁먹지 마세요. 게임 속 화폐인 '치(Chi)'로 펫을 구입하고 훈련을 향상시킬 수 있습니다. 참고로, 이 게임 속에서 전설이 되려면 퀘스트에서 훈련 영역을 잠금 해제해야 해요.

펫은 Ninja Legends에서 중요한 역할(배율 증가)을 하지만, 게임을 다 파악할 때까지는 펫에 너무 신경 쓰지 마세요. 먼저 게임 공간에 익숙해지면 귀여운 펫이 곧 여러분을 따라다니며 무술 미션을 도울 거예요.

Ninja Legends에서 하늘을 쳐다보며 점프하는 것도 잊지 마세요! 더블 점프해서 공중제비를 하면 떠다니는 섬에 쉽게 도달할 수 있습니다. 점프 패드를 두 번 눌러 힘차게 더 높은 곳으로 올라가세요. 나무 꼭대기에서 뛰어내리면 은밀하게 들어갈 수 있으며 일일 여섯 시간을 플레이하면 보상으로 치를 받을 수 있어요!

언덕의 왕이 되어 이 닌자 모험의 대가로서 명상을 즐기고 싶은가요? 비공개 서버에 들어가 전투에서 승리해 보세요!

마스터 도조와 훈련하세요.

치를 모아 훈련 구역을 잠금 해제하고 새로운 펫을 구매하세요.

모험

79 HIDE AND SEEK EXTREME

Hide and Seek Extreme은 로블록스 역사상 가장 중독성이 강한 게임 중 하나입니다. 진행 속도가 빠르지만 그렇다고 서두를 필요는 없으며, 게임을 이해하기 쉽고 시간을 조절하여 게임을 즐길 수 있습니다. 모험 장르에 딱 들어맞지요. 지금부터 숨바꼭질 세계에 눈을 떠 볼까요?

개발자: Tim7775

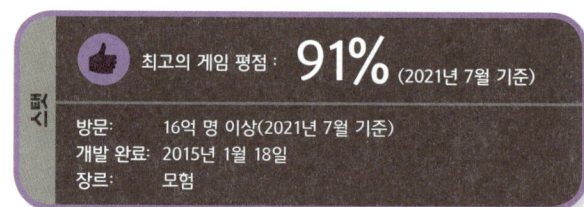

최고의 게임 평점: **91%** (2021년 7월 기준)

방문: 16억 명 이상(2021년 7월 기준)
개발 완료: 2015년 1월 18일
장르: 모험

규칙은 매우 간단해요. 게임을 시작할 때, 여러분을 포함해 최대 14명의 유저들은 술래가 찾지 못하기를 바라며 어떤 장소에 숨어야 합니다. 침실이나 사무실부터 부엌이나 뒷마당에 이르기까지 장소를 다양하게 선택할 수 있습니다. 멀리 도망쳐 숨으세요. 'IT'라고 불리는 술래가 1분이 지나면 찾기 시작하니까 서둘러야 해요!

숨을 수 있는 장소가 수십 곳이므로 플레이어는 구석구석을 살펴보며 자신이 숨을 곳을 찾아야 합니다. 높은 곳이나 낮은 곳으로 이동하고 사각형 점프 패드를 이용하면 공중으로 높이 올라갈 수도 있어요. 원형 텔레포트 패드는 순간적으로 다른 장소로 이동할 수 있어서 숨거나 찾을 때 유용하답니다. 참고로, IT 캐릭터는 숨는 사람보다 빨리 달릴 수 있으므로 뛰어서 도망치는 건 아주 어렵답니다.

거기에 숨으면 찾지 못할 거예요!

숨는 차례가 되면, 숨은 사람들을 뒤쫓는 IT를 구경할 수 있습니다. studs away 카운터에서는 다른 플레이어들과 얼마나 가까이 있는지 혹은 멀리 있는지를 볼 수 있으며, 술래는 빛을 뿌리며 흔적을 남기기 때문에 다른 플레이어들과 구별됩니다. 게임이 시작할 때 IT 캐릭터가 결정되며, IT은 접착제, 비밀 카메라 그리고 기절 광선 등을 포함하여 숨은 사람을 탐지하고 몰아넣는 특수 능력을 사용할 수 있어요.

장소 주변에서 코인을 모으세요. 그리고 4분의 시간 안에 술래에게 걸리지 않고 살아남으면 10크레딧을 받을 수 있습니다. 코인으로 술래가 될 확률을 높여주는 IT multiplier 등과 같은 아이템뿐만 아니라 멋진 캐릭터를 구매할 수 있어요.

한 자리에 가만히 숨어 있을지 술래를 피해 게임하는 내내 도망 다닐지 결정했다면, 이 모험 게임에서 재미있게 놀아 보세요. 언제든 한 번에 수천 명씩 플레이하는 Hide and Seek Extreme은 눈에 아주 띈답니다. 물론, 게임 속에서는 그러면 안 되겠지만요.

- 로블록스 꿀팁 -

탈락하거나 게임 참가를 기다리는 동안 숨어 있는 다른 사람을 염탐하면, 숨는 요령과 기술을 배울 수 있답니다.

모험

TIME TRAVEL ADVENTURES

모험 장르 게임에서는 흥미진진한 시간 여행과 같이 다양한 가능성을 경험할 수 있어요! Time Travel Adventures는 2019년 출시되자마자 주목을 받았으며 개발자인 Splitting Point Studios는 다양한 가능성을 가진 세련된 게임을 만드는 데 큰 역할을 했습니다.

이 게임에서는 'Gem'을 찾아다니는 게 중요해요. 또한 맵을 돌아다니면서 유물들을 모아야 합니다. 다른 플레이어와 함께 클리어 해야 할 미션이 있기 때문에 보통 팀으로 미션을 진행합니다. 예를 들어, 총 쏘는 화성인을 잡는 미션은 혼자 하기 쉽지 않답니다.

개발자: Splitting Point Studios

스탯
- 최고의 게임 평점: **76%** (2021년 7월 기준)
- 방문: 4510만 명 이상(2021년 7월 기준)
- 개발 완료: 2019년 5월 29일
- 장르: 모험(전체 장르)

- 로블록스 꿀팁 -

Jandel은 Splitting Point Studios의 수석 작가이자 대표이며, Monster Simulator, FlameThrower Simulator, 흐물흐물 대전 등 다른 게임 개발에도 참여했습니다.

알려지지 않은 구역 발견

맵은 모두 7개 구역으로 나눠져 있으며 중세 및 고대 이집트 지역, 티라노사우르스가 돌아다니는 선사 시대, 화성과 같은 초현실적 우주 공간까지 다양합니다. 'Tim'이라는 현명한 가이드가 해설자 역할을 하며 대부분의 구역에 갈 수 있도록 안내합니다. 그러니 팀이 안내하는 방향과 지시에 주의를 기울여야 해요. 참고로, 구역에 따라 머무를 수 있는 시간이 다르기 때문에 신중하게 생각하고 움직이세요!

Time Travel Adventures는 미로와 장애물 코스 등과 같은 다양한 미니 게임으로 가득 차 있어요. 이런 미니 게임들은 재미있을 뿐만 아니라 Gem의 위치를 발견하는 데도 도움이 될 수 있답니다. 다른 미션들은 매우 간단합니다. 예를 들어, 새로운 Medieval Madness 지역에서 양 세 마리를 찾으면 농부가 Gem을 찾을 수 있는 단서를 줍니다. 정말 쉽죠?

한 가지 좋은 팁을 드리면, 코인을 모으거나 로벅스를 써서 펫을 입양해 보세요. 펫은 적을 공격할 수 있을 뿐만 아니라 취득하는 코인 배율도 높일 수 있답니다. 이 모험을 익히기 위해서는 시간과 인내가 필요합니다. 열심히 미션을 수행하고 Gem과 유물을 모아 악당을 물리치세요.

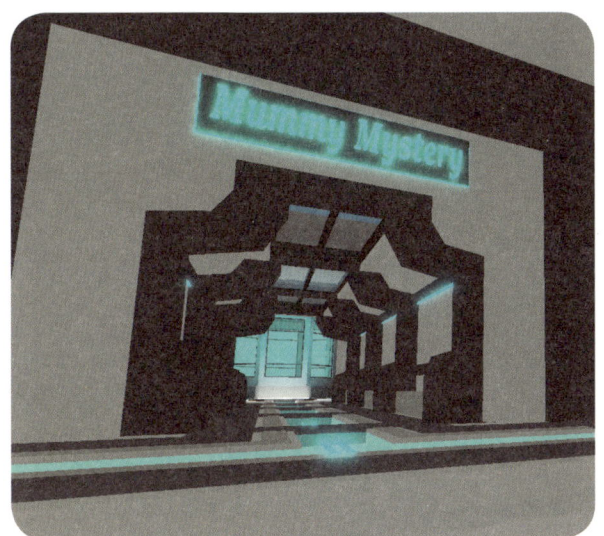

말도 안 되는 캐릭터들을 만나 보세요!

모험

스피드런 4

개발자: Vurse

> 스피드런 4에서 수많은 레벨과 미션을 클리어하려면 최고의 파쿠르 동작을 자랑하며 계속 달려야 합니다. 달리지 않거나 느린 속도로 가면 이 게임에서 실패할 수밖에 없습니다.

스피드런은 마리오나 소닉 같은 아케이드 게임으로 유명한 고전 게임의 한 종류입니다. 게이머는 시간 안에 레벨을 클리어해야 하며 레벨에 따라 난이도가 높아져서 중요한 루비를 모으기가 점점 어려워집니다. 약 30개 정도의 레벨을 클리어해야 하며 새로운 지형이 주기적으로 업데이트되고 있습니다. 별은 스피드런에서만 즐길 수 있는 아이템입니다. 별을 많이 모을수록 특수 모드를 더 많이 잠금 해제할 수 있답니다.

점프 버튼을 누르면 아바타는 공중제비하며 블록 사이를 뛰어넘습니다. 떠다니는 섬 아래나 블록 사이로 떨어지지 않으려면 점프 타이밍을 잘 맞춰야 해요. 트레일, 치수, 춤, 사운드 등은 상점에서 잼으로 구매할 수 있는 매력적인 아이템입니다.

이 게임을 계속하려면 레벨을 클리어해야 해요. 따라서 충분한 시간과 연습이 필요하지요. '레벨 건너뛰기'를 구매하여 해당 레벨을 건너뛰는 치트키를 쓸 수도 있어요. 속도를 내는 것도 중요하지만 때로는 앞에 어떤 코스가 놓여 있는지 보기 위해 잠시 멈추는 것도 좋은 방법이에요. 판단을 잘못하면 시작 시점으로 되돌아갈 수밖에 없으니까요.

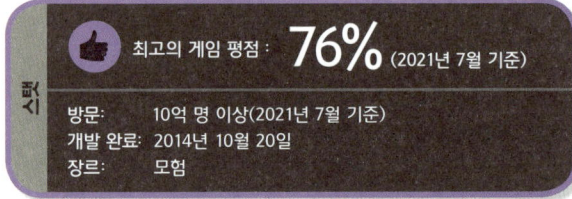

최고의 게임 평점: **76%** (2021년 7월 기준)
방문: 10억 명 이상(2021년 7월 기준)
개발 완료: 2014년 10월 20일
장르: 모험

- 로블록스 꿀팁 -

Vurse 개발자는 우주여행과 은하계를 가로지르는 미션의 열렬한 팬이랍니다. 그래서 스피드런의 게임 공간은 거대한 은하계에 있는 것과 같은 느낌을 줍니다.

얼마나 빨리 달릴 수 있어요?

SHARKBITE

개발자: Abracadabra

동시 접속자 수가 10만 명에서 20만 명이나 되는 SharkBite 게임의 물속은 붐빌 수밖에 없습니다. 그리고 아주 무섭지요! 사람 또는 상어가 되어서, 바다에서 서로를 공격해야 합니다. 물론 상어 역할을 할 확률은 아주 낮아요. 사람들은 상어를 상대로 대결할 수 있도록 보호 장비를 착용할 수 있어요.

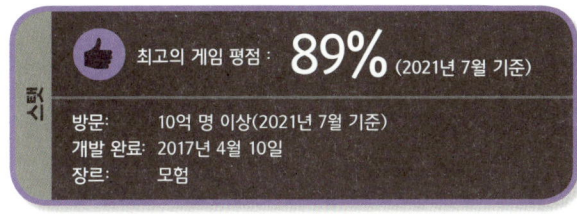

최고의 게임 평점: **89%** (2021년 7월 기준)
방문: 10억 명 이상(2021년 7월 기준)
개발 완료: 2017년 4월 10일
장르: 모험

이 게임에서는 상어 이빨 보상을 모으는 것이 핵심이에요. 물에서 시간제한 미션을 완료할 때마다 상어 이빨을 보상으로 받을 수 있으며, 상어 이빨로 잠수함이나 고급 요트 등과 같은 최상급 보트를 살 수 있습니다. 이런 커다란 배의 경우, 안전성이 높아서 매우 유용하겠지요?

물에서 작은 배를 타고 다닌다면, 배가 뒤집히지 않도록 주의해야 해요. 배가 뒤집히면 공격을 받을 수 있습니다. 그리고 총알을 미리 다 써 버리지 않도록 주의하세요. 보트가 뒤집혔을 때는 무서운 상어의 눈을 피할 수 있도록 수면 바로 위에 숨는 게 좋을 수 있습니다.

화면 상단에는 상어의 녹색 체력 바가 표시됩니다.

상어가 미션을 얼마나 잘 진행하고 있는지 확인하려면 이 체력 바를 확인하세요. 화면에 '상어가 나타났습니다.'라는 메시지가 표시되면 바다를 살펴보세요. 검은 지느러미가 여러분에게 다가오고 있는 모습을 볼 수 있답니다.

아악!

어이, 거기요!

모험

벌떼 시뮬레이터

개발자: Onett

이 게임에는 항상 '활기'가 넘칩니다! 2018년에 출시된 이후로 믿기 어려울 만큼 빠르게 방문자 수가 급증해 10억 명을 달성했습니다. 이 게임은 2019년 블록시 어워드에서 올해의 게임으로 선정되었습니다.

최고의 게임 평점 :	**94%** (2021년 7월 기준)
방문:	15억 명 이상(2021년 7월 기준)
개발 완료:	2018년 3월 21일
장르:	모험

벌떼 시뮬레이터는 단순하면서도 귀여우며 중독성이 있어서 오랫동안 로블록스의 메인 타이틀을 장식했어요. 이 게임의 목표는 꿀벌의 도움을 받아 꽃에서 꽃가루를 모아 맛있는 꿀을 만드는 것입니다. 벌집에서 벌을 부화시킬 수 있으며, 배낭에서 꽃가루를 얼마나 모았는지 볼 수 있습니다. 여러분이 만든 꿀로 상점에서 용량이 더 큰 가방이나 채집을 더 빠르게 할 수 있는 스쿠퍼(scooper) 등의 유용한 도구를 구입할 수 있답니다.

끔찍한 벌레와 몬스터는 여러분을 죽일 수도 있으니 조심하세요! 하지만 그리 걱정하지 마세요. 엄청나게 강한 벌떼가 여러분을 보호해 줄 겁니다. 꿀벌마다 공격력과 능력치가 다르기 때문에 생성되는 토큰을 잘 살펴보세요. 그리고 주변을 돌아다니다 곰을 발견하면 잘 살펴보세요. 곰은 유용한 퀘스트를 제공한답니다. 곰 앞에 노란색 느낌표가 표시되면 곰과 대화할 수 있어요. 행운을 빌어요!

> 정말 바쁜 벌이에요!

> 윙 윙

- 로블록스 꿀팁 -

개발자 Onett은 눈 퍼내기 시뮬레이터가 벌떼 시뮬레이터 게임을 만드는 데 가장 큰 영향을 준 게임이라고 말할 정도로 눈 퍼내기 시뮬레이터 게임을 굉장히 좋아한답니다!

DON'T PRESS THE BUTTON 2

74

개발자: On-Point Productions

로블록스 홈페이지에 가면 Don't Press the Button 2와 비슷한 게임을 몇 가지 찾을 수 있습니다. 2019년 봄 오리지널 Don't Press the Button이 출시된 이후로 'Don't Touch……' 류의 스핀오프들이 웹사이트에 나왔기 때문입니다. Don't Press the Button 2는 불과 몇 달 만에 방문자 수 4천만 명을 기록했을 정도로 매우 인기 있는 게임입니다.

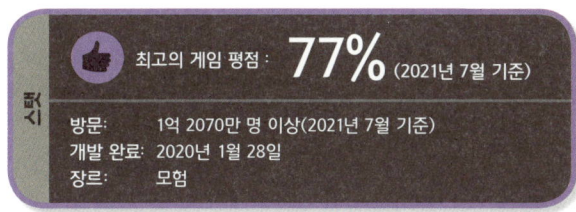

스탯	
최고의 게임 평점 :	**77%** (2021년 7월 기준)
방문:	1억 2070만 명 이상(2021년 7월 기준)
개발 완료:	2020년 1월 28일
장르:	모험

이 게임은 제한된 시간 안에 할 수 있는 게임이나 활동이 많은 미니 게임 장르로 볼 수 있어요. 무작위 액션인 이 게임은 버튼을 누를 때마다 새로운 미션이 나타납니다. 예를 들면, 색깔이 있는 사각형 사이를 달리거나 거대한 껌을 이용하여 떠다니는 섬에서 점프하거나 떨어지는 로켓을 피하는 등 간단한 게임이 나타날 수 있어요. 떠다니는 장애물을 가로지르는 스피드런 코스는 클리어하기 어렵지만, 마지막 레벨을 클리어하면 게임의 왕이 될 수 있습니다!

Don't Press the Button 2에서는 지진과 같은 자연재해로부터 살아남아야 합니다. 맵에서 코인을 모아 게임 패스와 부스트를 구매하세요. 그래플 후크 게임 패스를 쓰면 원하는 곳으로 달아날 수 있습니다.

- 로블록스 꿀팁 -

On-Point Productions 개발자 모임은 인기 TV 퀴즈 프로그램 <Hole in the Wall>에서 움직이는 벽 게임의 아이디어를 얻었다고 합니다.

저 멀리 높은 곳으로!

보잉! 보잉!

모험

73 PHANTOM FORCES

개발자: StyLiS Studios

> FPS 애호가들이 흥미진진한 총격전을 즐길 수 있는 장르 중에서 Phantom Forces를 최고로 꼽는 이유는 디테일이 살아 있는 무기와 다양한 커스터마이징 및 업그레이드에 있습니다. 이 게임에서는 Ghost팀과 Phantom팀으로 나눠 다양한 맵에서 승패를 겨룹니다.

최고의 게임 평점 : **92%** (2021년 7월 기준)

방문: 11억 명 이상(2021년 7월 기준)
개발 완료: 2015년 8월 31일
장르: FPS

이 게임을 처음 플레이한다면 중화기 목록에서 무기를 선택하지 마세요. 게임 전술에 익숙해질수록 이러한 무기는 오히려 방해가 될 수 있습니다. 게임에 슬슬 적응했다면, 주무기 및 보조 무기, 수류탄, 기타 아이템 등에 대해 더 자세히 알아보세요!

게임을 시작하기 전에 로비에서 랭크, XP, 죽인 횟수, 죽은 횟수, KDR 등 여러분의 스탯을 확인할 수 있어요. 맵 주변을 집중해서 살피다 보면 스탯을 강화하고 무기를 잠금해제할 수 있는 커다란 보상이 있습니다.

플레이어는 Capture the Flag, Team Deathmatch 등의 게임 모드와 Mirage, Rig, Mall, Warehouse, Highway Lot 등 다음 맵을 투표로 결정합니다.

Capture the Flag 모드에서는 제한된 시간 동안 상대 팀의 깃발을 빼앗거나 자기 팀의 깃발을 도로 가져오는 등 가장 많은 깃발을 자기 팀 영역에 꽂아야 합니다. 게임에서 승리하여 보상을 받으면 커스터마이징을 할 수 있으며 무기를 강화시키는 상자를 열 수 있어요.

- 로블록스 꿀팁 -

2019년 업데이트 15 버전에서는 새로운 3인칭 총구 섬광 효과와 적 레이더 위치 확인 메커니즘 개선 등의 새로운 기능이 추가되었습니다.

함정을 설치하고 승리를 기다리세요!

BIG PAINTBALL

72

개발자: BIG Games

제목만으로 어떤 게임인지 정확히 알 수 있는 게임이 있죠. BIG PAINTBALL도 제목에서 알 수 있듯 페인트볼 파티가 펼쳐지는 게임입니다. 1인칭 슈팅 게임이 모두 하드코어 전투로만 이루어져 있지 않다는 걸 잘 보여 주는 BIG PAINTBALL 게임은 다채로운 재미와 웃음을 선사합니다.

스탯	
최고의 게임 평점:	**86%** (2021년 7월 기준)
방문:	8억 5610만 명 이상 (2021년 7월 기준)
개발 완료:	2019년 7월 24일
장르:	FPS

페인트볼을 던지는 실생활 스포츠처럼, 이 게임의 목표는 상대편에게 페인트 탄을 쏘는 거예요. 태깅이라고 불리는 플레잉이 이 게임의 핵심 요소이지요. BIG PAINTBALL은 출시 후 6개월 만에 방문자 수 1억 8천만 명을 돌파했습니다. 게임은 팀 모드나 시간제한이 있는 자유 모드로 진행되며 달성한 태깅 레벨에 따라 크레딧이 주어집니다. 그리고 킬 스트리크 같은 미션을 수행하거나 진행 상황에 따라 상급 무기를 잠금 해제할 수 있어요.

플레이어에게는 클릭하면 페인트볼이 발사되는 반자동 무기가 기본으로 제공되지만, 훨씬 더 강력한 성능을 자랑하는 Uzis, M4s 그리고 SMG 등의 무기로 빨리 업그레이드하고 싶을 거예요. 태그를 하면 레이더, 센트리 그리고 드론 기술 등을 포함한 새로운 능력을 보상으로 받을 수 있습니다. 이런 스킬들로 상대방을 더 쉽게 찾고 효율적으로 이동할 수 있지요. 자신이 쫓기는 줄도 모르고 있는 게이머를 공격한다면 태그를 할 확률이 훨씬 더 높아질 거예요.

핼러윈이나 부활절 무렵에 하는 이벤트와 행사 기간에만 무료로 제공되는 아이템에 주목하세요. 2020년 2월에는 Super Dope Gun 무기를 무료로 배포했는데 많은 플레이어들이 눈 깜짝 할 사이에 낚아챘답니다.

- 로블록스 꿀팁 -

BIG Paintball의 dev studio는 BIG PAINTBALL 게임이 출시된 후 2개월 만에 네 가지 사항을 업데이트해서, 이 게임이 더욱 새롭게 느껴질 수 있도록 했습니다.

깜짝 놀라게 하세요!

아스널

개발자: ROLVe Community

아스날보다 규모가 크고 재미있는 1인칭 슈팅 게임은 없습니다. 2015년 갑자기 게임 세계에 등장한 이 게임은 몇 년 후 대규모 업데이트를 진행하며 FPS 장르 팬들이 모험하기 위해 계속 돌아오게 만들었습니다. 일반적으로 아스널 서버의 동시 접속자 수는 수만 명에 이릅니다.

> 최고의 게임 평점: **88%** (2021년 7월 기준)
> 방문: 31억 명 이상(2021년 7월 기준)
> 개발 완료: 2015년 8월 18일
> 장르: FPS

게임을 시작할 때 플레이어는 참여할 팀 스킨 색상을 선택합니다. 도시부터 박람회장, 커뮤니티에서 만든 지역에 이르기까지 다양한 맵에서 플레이할 수 있으며, 다른 팀을 제거하기 위한 전투를 벌입니다. 총을 쏘며 달릴 수 있는 아스날 게임은 진행 속도가 빠르기 때문에 게임에 익숙해지기까지 시간이 걸릴 수 있답니다.

기본 무기로 시작하지만 적을 처치한 후에는 전장에서 더 위협적인 존재로 보일 수 있도록 무기를 업그레이드하곤 합니다. 거대한 기관총을 들고 있는 다른 사용자를 보면 여러분도 하나 갖고 싶을 거예요.

여러분의 순위를 높이는 데 있어 상대편을 몇 명이나 처치했는지가 매우 중요합니다. 또한 상대방에게 당하면 무기가 다운그레이드되어 능력치가 크게 감소할 수 있습니다.

아스널이 처음이라면 게임을 관전하는 것도 좋아요. 전투와 관련된 유용한 팁과 규칙을 배우는 데 도움이 됩니다. 카메라 각도와 캐릭터를 변경할 수 있습니다. 그리고 랜더마이저 게임 모드에서는 무작위로 무기가 생성되기 때문에 모든 플레이어가 자유롭게 플레이할 수 있답니다.

여러분은 제한된 시간이 끝나기 전까지 살아남기를 바랄 거예요. 참고로, 팀 모드뿐 아니라 일대일 모드도 있어요. 이 모드에서는 여러분을 도울 팀 동료가 없으니, 중요한 순간에 탄약이 떨어지지 않도록 조심해야 해요.

조심해!

- 로블록스 꿀팁 -

게이머는 첫 번째 상대편을 해치우면 Golden Touch 배지를, 연속으로 10명을 해치우면 Frenzy 배지를 받을 수 있습니다.

카운터블록스

개발자: ROLVe Community

여기 아스널을 만든 ROLVe Community 개발자의 게임 중 폭발적인 인기를 얻은 또 다른 FPS 게임이 있습니다. 카운터블록스 게임은 기술적인 디테일이 잘 살아 있으며, 인기 있는 CS:GO 비디오 게임을 기반으로 하고 있습니다.

최고의 게임 평점:	**83%** (2021년 7월 기준)
방문:	8억 4790만 명 이상(2021년 7월 기준)
개발 완료:	2015년 9월 27일
장르:	FPS

카운터블록스는 전 세계를 무대로 한 다양한 맵에서 5 대 5 대결을 펼치는 FPS 게임입니다. 팀은 테러리스트와 대테러리스트 중 하나를 선택할 수 있으며, 대테러리스트의 임무는 악당을 제거하여 큰 피해를 입힐 수 있는 전투를 막는 것입니다. 플레이어는 갖고 있는 무기를 최대한 활용하여 제한된 시간 안에 정해진 지역으로 이동해야 합니다.

맵 주변에서 떨어져 있는 아이템들을 얻을 수 있어요. 무기의 데미지, 발사 속도, 정확도 그리고 반동 제어 등 스탯이 모두 표시되어 디테일이 살아 있으며, 케블러 재킷 등과 같은 아이템도 있습니다. 상점의 스킨 섹션에 있는 상자는 크레딧으로 열 수 있으며, 장비는 표준, 고급, 희귀, 엘리트, 전설 등급으로 구분되어 있습니다. 그리고 여러분이 갖고 있는 아이템은 다른 플레이어들과 교환할 수도 있습니다.

카운터블록스의 그래픽, 엔진, 음질은 로블록스의 FPS 게임 중에서 가장 뛰어나므로, 게임을 빠르고 부드럽게 진행할 수 있습니다. 최고 수준의 플레이어는 적을 상대할 때 즉 방아쇠를 계속 당겨 자동으로 쏘는 탭 사격보다 천천히 한 발씩 쏘는 단발 사격을 선호하는 편이에요. 단발 사격은 먼 거리에서 마구 쏘아 대지 않고도 정확도를 높일 수 있어요.

- 로블록스 꿀팁 -

화면 상단에는 여러분이 속한 팀이 표시되어 있습니다. 참고로, 해골과 엑스자로 교차된 뼈가 있는 기호는 탈락한 플레이어를 나타냅니다.

공포 및 SF

공포와 SF, 두 장르는 밀접하게 관련되어 있습니다. SF 장르 게임은 보통 소름끼치는 설정이 있으며 공포 게임은 공상 과학 세계에 기반하고 있지요. 공포 및 SF는 괴물, 무기, 우주선, 과학적인 미션 등을 무서운 장면과 혼합한 게임이라고 할 수 있습니다. 이제 이 장르의 최고의 게임 몇 가지를 살펴보겠습니다.

공포 및 SF

69 플리 퍼실리티

플리 퍼실리티는 굉장한 게임이에요. 방문자 수가 10억 명을 훌쩍 넘는다는 것은 유저들이 늘 이 게임에 들어와 플레이하고 있다는 뜻이거든요! 공식적으로 이 게임은 공포 장르로 분류되지만 모험에도 완벽하게 어울리며 '공포'라는 장르가 무색할 만큼 크게 무섭지 않습니다. 물론 유저에 따라 무서울지도 모르지만요.

플레이어 5명으로 진행하는 플리 퍼실리티의 게임 방법은 아주 간단합니다. 최대 4명까지 구성되는 '생존자(survivor)'들과 한 팀을 이룹니다. 맵을 탐색하여 플레이어 수에 따라 3~5대의 컴퓨터를 해킹한 다음 두 출구 중 한 곳을 통해 탈출해야 해요. 야수의 눈을 피해서 말이지요.

개발자: A.W. Apps

스탯
- 최고의 게임 평점 : **92%** (2021년 7월 기준)
- 방문: 25억 명 이상 (2021년 7월 기준)
- 개발 완료: 2017년 7월 1일
- 장르: 공포

플리 퍼실리티에서는 플레이어 한 명이 야수 캐릭터로 정해집니다. 야수의 임무는 생존자를 붙잡아 냉동 캡슐로 끌고 가 체력을 빼앗는 것입니다. 야수가 모든 플레이어를 제거하면 승리합니다. 이 게임은 엉뚱하고 재미있으며 완벽한 팀워크가 필요해요.

강타! 내려쳐라!

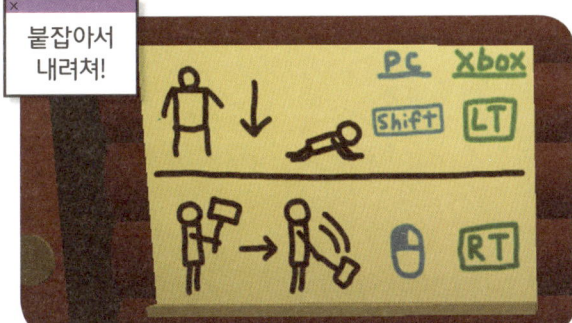

붙잡아서 내려쳐!

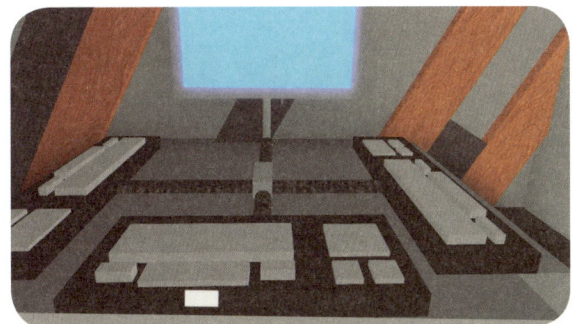

- 로블록스 꿀팁 -

야수는 게임을 시작할 때 네 가지 특수 능력(러너, 해커, 예견, 스토커) 중 하나를 선택할 수 있습니다.

야수는 생존자를 망치로 쓰러트려 생포한 다음 가장 가까운 냉동 캡슐로 데려갑니다. 다른 생존자는 도망 다니며 냉동 캡슐에서 팀원을 꺼내 줄 수 있으므로 화면 상단에 있는 빨간색 체력 막대를 통해 누가 잡혀 있는지 알 수 있어요. 하지만 야수가 캡슐 근처에서 머물거나 숨어 있을 수 있기 때문에 다른 생존자를 꺼낼 때 조심해야 해요.

플리 퍼실리티의 생존자는 탈출하기 위해 통풍구와 벽의 구멍을 기어 다닐 수 있어요. 야수도 무기를 해제하면 이런 행동을 할 수 있답니다. 생존자들은 사물함 속이나 테이블 아래에 숨을 수 있지만, 움직이지 않고 가만히 있는 표적을 공격하는 것이 더 쉽다는 사실을 잊지 마세요.

이 게임에서는 컴퓨터를 빠르게 해킹하는 것이 핵심이에요. 생존자들이 컴퓨터 하나를 동시에 해킹하면 해킹 속도가 빨라집니다. 해킹할 때 실수를 하면 여러분이 있는 위치가 드러나 야수가 찾기 쉬워집니다. 신속하고 현명하게 행동하세요.

야수가 가까워지면 멀리서 심장 소리와 야수가 등장했음을 알리는 음악이 들려요. 이런 소리를 잘 들으면서 생존자들은 숨거나 탈출할 수 있습니다. 해킹하는 동안 야수가 갑자기 나타나지 못하도록 문과 창문을 잘 볼 수 있는 위치에 있는 것도 좋습니다. 게임이 진행되는 도중에 자리를 잠시 비운 플레이어를 의미하는 AFK가 되는 건 위험합니다. 야수가 여러분을 쉽게 잡아 없앨 수 있답니다. 그리고 여러분이 자리에 없다면 미션을 도울 수 없기 때문에 팀원들도 AFK를 좋아하지 않는답니다.

- 로블록스 꿀팁 -

생존자들은 게임을 시작할 때 투표로 맵을 결정합니다. 어밴던드 퍼실리티 맵은 그렇게 어둡지 않기 때문에 초보자가 플레이하기 쉽답니다.

공포 및 SF

68 MURDER MYSTERY 2

Murder Mystery 2가 2020년 블록시 어워드에서 '올해의 Xbox 게임'을 수상한 것은 역대 최고의 로블록스 게임과 어깨를 나란히 하고 있다는 증거입니다. 방문자 수 57억 명과 거의 1200만 건에 이르는 즐겨찾기로 미루어 볼 때, 로블록스 유저들이 이 게임에 대해 깊은 관심을 갖고 있다는 것을 알 수 있어요.

Murder Mystery 2는 살인자 1명, 주장관 1명 그리고 무고한 사람들 10명까지 최대 12명의 플레이어들이 참여할 수 있어요. 주장관과 살인자는 플레이어들 중에서 무작위로 선발되며 이 두 캐릭터로 선발될 가능성은 매우 낮습니다. 게임 맵은 자주 변경되지만 일단 스폰되면 주장관이 추적하기 전까지 살인자 캐릭터가 무고한 캐릭터들을 계속 쫓아다니게 되지요. 이 게임은 긴장감이 넘치며 약간 놀랄 만한 상황이 벌어질 수도 있습니다.

개발자: Nikilis

최고의 게임 평점 : **92%** (2021년 7월 기준)

방문: 57억 명 이상(2021년 7월 기준)
개발 완료: 2014년 1월 18일
장르: 공포

- 로블록스 꿀팁 -
채팅에서 플레이어가 'gg'를 입력하면 '좋은 게임이었다'는 뜻입니다.

여기 위에서는 모든 것을 볼 수 있어요!

- 로블록스 꿀팁 -
'무고한' 플레이어들은 무기와 함께 스폰되더라도 무기를 사용할 수 없습니다.

주장관은 사용 가능한 무기를 가지고 스폰되며 살인자를 물리칠 수 있는 유일한 플레이어예요. 무고한 플레이어들은 주장관과 긴밀히 협력하고 있으며, 살인자가 누구인지 알아내면, 이 정보를 보안관에게 신속하게 전달할 수 있습니다. 살인자 플레이어는 최대한 은밀하고 평범하게 행동해서 정체가 드러나지 않게 해야 합니다. 이 게임은 시간과의 싸움이며, 살인자 플레이어는 주장관을 포함한 플레이어들을 모두 처치해야 승리할 수 있어요.

플레이어는 상점에서 무기, 효과 그리고 능력 등과 같은 멋진 아이템을 구매할 수 있는 코인을 맵 곳곳에서 모을 수 있으며 XP를 보상으로 받을 수 있어요. 살인자 플레이어가 주장관이나 무고한 플레이어를 쓰러뜨리거나 플레이어가 각 게임에서 살아남을 때도 XP를 얻을 수 있답니다. 무고한 플레이어는 주장관이 떨어뜨린 무기에 주의를 기울여야 해요. 떨어뜨린 무기는 주울 수 있으며 이 무기를 장착하면 영웅이 되어 XP를 얻을 수 있는 기회가 생깁니다.

일찍 탈락하면, 관전 버튼을 눌러 다른 플레이어들이 게임하는 장면을 보며 팁을 얻을 수 있어요. 채팅은 굉장히 중요한 수단입니다. 무고한 플레이어들에게 메시지를 보내면 살인자를 찾을 가능성이 높아진답니다.

공포 및 SF

67 GALAXY

SF 장르 게임과 공포 장르 게임은 무시무시한 게임 플레이에 미래적인 판타지를 기반으로 한 테마를 혼합한다는 점에서 밀접한 관련이 있습니다. 로블록스 게임 페이지에는 SF 팬들이 좋아할 만한 게임들이 많아요. 그중에서도 오랜 역사를 지닌 Galaxy 모험은 항상 많은 유저들을 끌어들인답니다.

개발자: rcouret

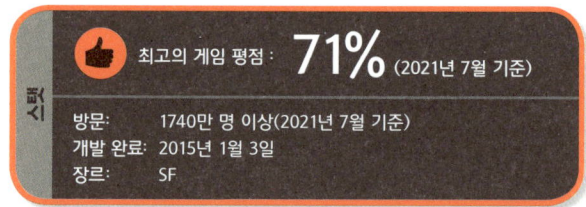

- 최고의 게임 평점: **71%** (2021년 7월 기준)
- 방문: 1740만 명 이상(2021년 7월 기준)
- 개발 완료: 2015년 1월 3일
- 장르: SF

Galaxy 퀘스트를 시작하려면 사용자 정의 목록에서 진영을 선택해야 하는데 이 목록은 자주 변경됩니다. 이 게임에서 채굴 및 우주선은 아주 중요합니다. 게임을 플레이할 때 사용할 수 있는 채굴과 화물선은 굉장히 다양하지요.

이 게임의 목표는 터미널에서 우주선을 타고 광석을 채굴하는 것입니다. 은하 경제를 위해 여러분의 우주선에 광석을 실어야 해요. 광석 레이저 기능을 사용한 뒤에는 이제까지 모은 재료를 판매하여 우주선에 사용될 수 있는 건축 자재를 구매해야 합니다.

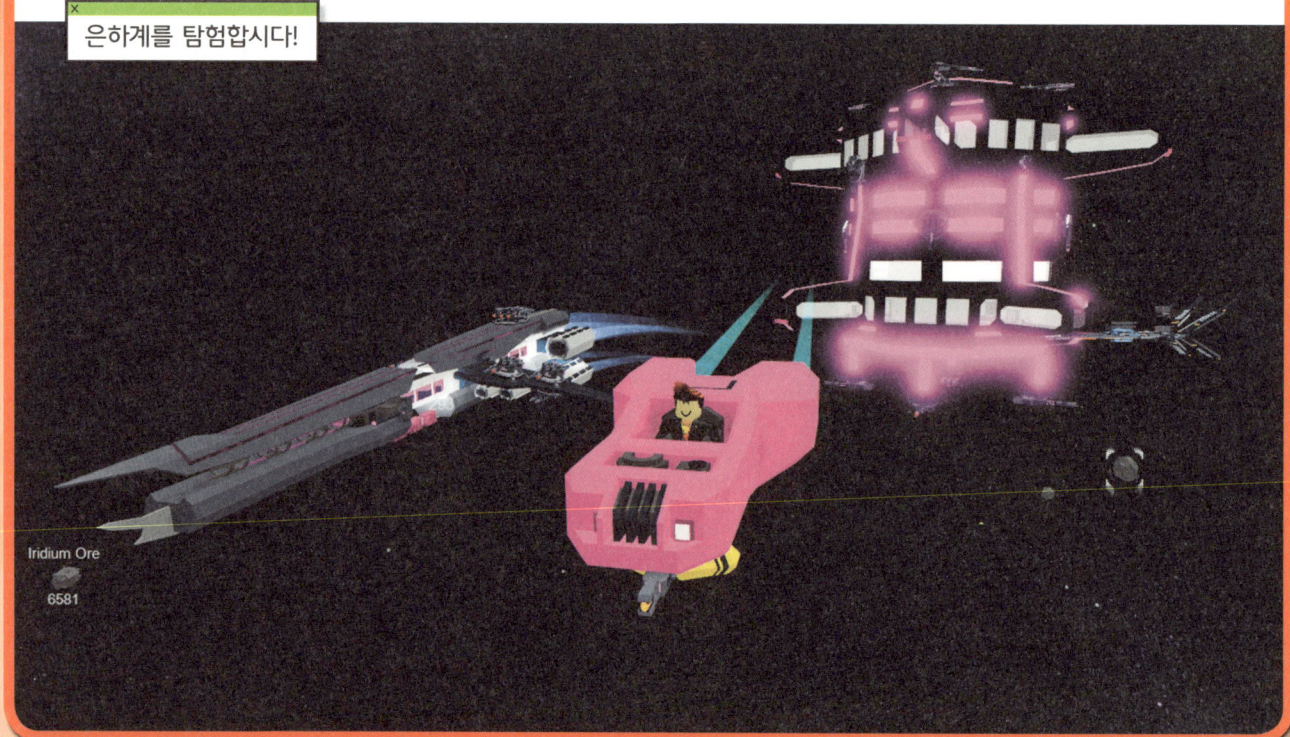

은하계를 탐험합시다!

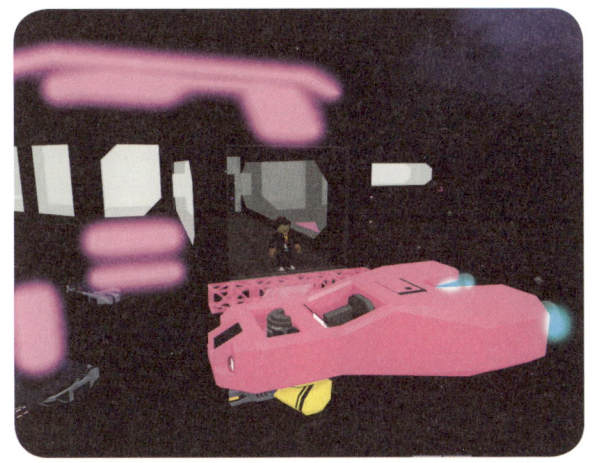

슈웅!

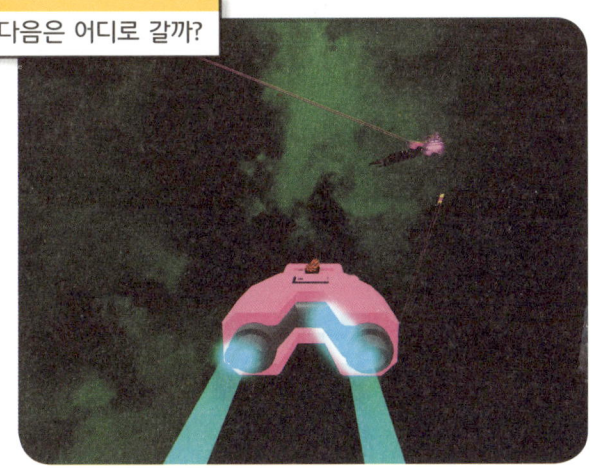

다음은 어디로 갈까?

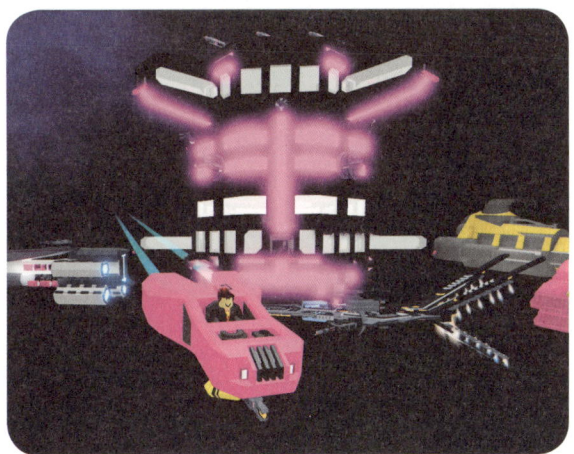

Galaxy 세계에서는 총이나, 회전 포탑 혹은 둘 다 탑재된 전투함들이 돌아다니기 때문에 혼자서 채굴하면 위험할 수 있어요. 가능하다면 팀으로 갑작스러운 공격에 대항하는 것이 좋습니다. 또한 작고 빠른 우주선은 추적하거나 공격하기 어렵습니다. 레이저는 그 어떤 보호막에도 효과적이며, 워프 기능을 이용하면 기지로 돌아와 충돌로 인한 손상을 안전하게 수리할 수 있습니다.

별 기지, 창고, 보너스 로열티, 재료, 크레딧, 코드 그리고 적재 등에 익숙해지려면 시간이 걸리지만 진정한 SF 팬들이라면 이러한 기술적인 세부 사항을 분석하고 이해할 수 있을 거예요. 신규 플레이어는 항상 처음에 제공하는 튜토리얼을 꼼꼼히 읽는 것이 좋습니다.

로스앤젤레스에 거주하는 개발자 rcouret은 오래 전부터 로블록스에서 성공한 게임들을 개발해 왔습니다. SF 애호가로서 Galaxy 게임을 좋아한다면 rcouret의 다른 게임인 Galaxy Arcade를 경험해 보세요. rcouret의 말에 따르면, Galaxy Arcade가 Galaxy보다 플레이하기 조금 더 쉽답니다.

방문자 수가 4백만 명이 넘고 은하계를 넘나드는 다양한 미션으로 가득한 Galaxy Arcade도 경험할 만한 가치가 있습니다. Field of Battle도 rcouret가 개발한 게임 중 하나로 SF 장르는 아니지만 중세 전투를 만끽할 수 있어요!

공포 및 SF

66 이노베이션 북극 기지

개발자: Innovation Inc.

두 명의 SF 광팬이 이노베이션 북극 기지를 만들었습니다. 여러분이 과학의 세계에서 보다 정확하고 자세한 정보를 분석하고 실험하는 것을 좋아하는 지적인 취미가 있다면, Innovation Inc.의 개발자인 Rolijok와 madattak에게 감사하는 마음을 전하세요.

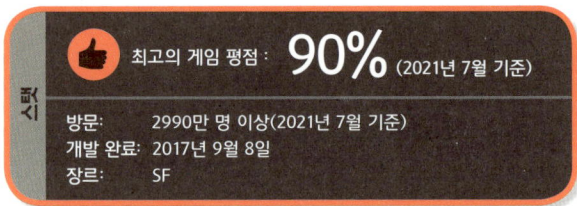

- 최고의 게임 평점: **90%** (2021년 7월 기준)
- 방문: 2990만 명 이상(2021년 7월 기준)
- 개발 완료: 2017년 9월 8일
- 장르: SF

과학을 좋아한다면, 보안 요원 팀이 아닌 과학자 팀에 들어가세요. 과학자 팀을 선택하면 반드시 북극 표면 깊숙한 곳에서 실험을 수행해야 합니다. 아주 영리한 캐릭터만이 주변에 흩어져 있는 첨단 기계를 조작할 수 있어요. 과학자는 과학 전용실에 접근할 수 있어요. 과학자의 목표는 게임 내 실험실을 직접 지을 수 있도록 플롯을 찾아 차지하는 것입니다. 실험실을 설정하는 과정은 일반적인 건설 게임과 비슷하며 플레이어는 빌드 모드 옵션에서 중요한 테스트 장비와 사무 장비를 선택 및 배치할 수 있답니다.

특별한 실험실을 제외한 다른 구역은 보안 요원 팀만 들어갈 수 있어요. 문에 있는 스캐너가 여러분이 출입하는 것을 통제합니다. 보안 요원 팀이 되면 무기를 얻을 수 있으며, 보안 카메라에 접근하여 지하 구역에 침입자가 있는지도 확인할 수 있어요. 참고로, 탄창이 매우 작기 때문에 총을 계속 쏘려면 재장전하는 데 시간이 필요합니다.

도와줄 수 있어요?

- 로블록스 꿀팁 -

과학자 팀은 2019년도 크리스마스 업데이트 때 멋진 로켓 썰매 모드를 출시하여 재미있게 놀았습니다.

INNOVATION LABS

개발자: madattak

개발자 madattak은 아무래도 과학을 주제로 한 장난을 좋아하는 것 같네요. Innovation Labs 게임은 이노베이션 북극 기지 게임이 나오기 전에 출시되었습니다. 10년 전처럼 오늘날에도 여전히 방문객들의 발길이 끊이지 않습니다. 한 번만 경험해도 실망하지 않을 거예요.

이 게임에서는 비밀 지하 연구소를 방문한 과학자가 되어 중앙 원자로의 노심을 지켜보면서 여러 가지 테스트와 실험을 수행해야 합니다. 무중력실, 호버카룸, 포털 룸 등 로비에서 벗어나 탐험할 수 있는 다양한 섹션이 있습니다. 복제 기계가 있는 섹터 D 같은 일부 구역은 기밀 구역입니다.

원자로 온도가 2000°C에 도달하면 원자로의 노심부가 녹아 버리는 멜트다운이 발생할 수 있기 때문에 원자로 주변 온도를 면밀하게 모니터링해야 해요. 멜트다운이 일어나면 실험실 자체가 파괴될 위험이 있답니다. 900°C에서 경고 신호가 시작되며 이 신호는 1300°C까지 반복됩니다. 그리고 1650°C 에서 경고음이 꺼집니다. 멜트다운을 피하려면 시작되자마자 도망치거나, 탈출용 환기구나 포털을 이용하거나, 샤워실에 숨어야 합니다. 이런 방법들이 항상 효과가 있는 것은 아니지만 원자로 온도가 상승할 때 신속하게 대응해야 생존 가능성이 가장 높아집니다.

이노베이션 상점에는 다양한 아이템들이 많이 있으며, 안티 좀비 테이저, 제트팩, 플래시라이트, 스피드 코일 등의 아이템을 구매하면 불안한 실험실에서 중요한 연구를 수행하고 살아남을 가능성을 더 높일 수 있습니다.

최고의 게임 평점 : **90%** (2021년 7월 기준)

방문: 3200만 명 이상(2021년 7월 기준)
개발 완료: 2010년 3월 18일
장르: SF

- 로블록스 꿀팁 -

로비에서 인스타-트래블 도구를 사용하려면 Innovation Inc. 개발자 모임의 회원이어야 합니다.

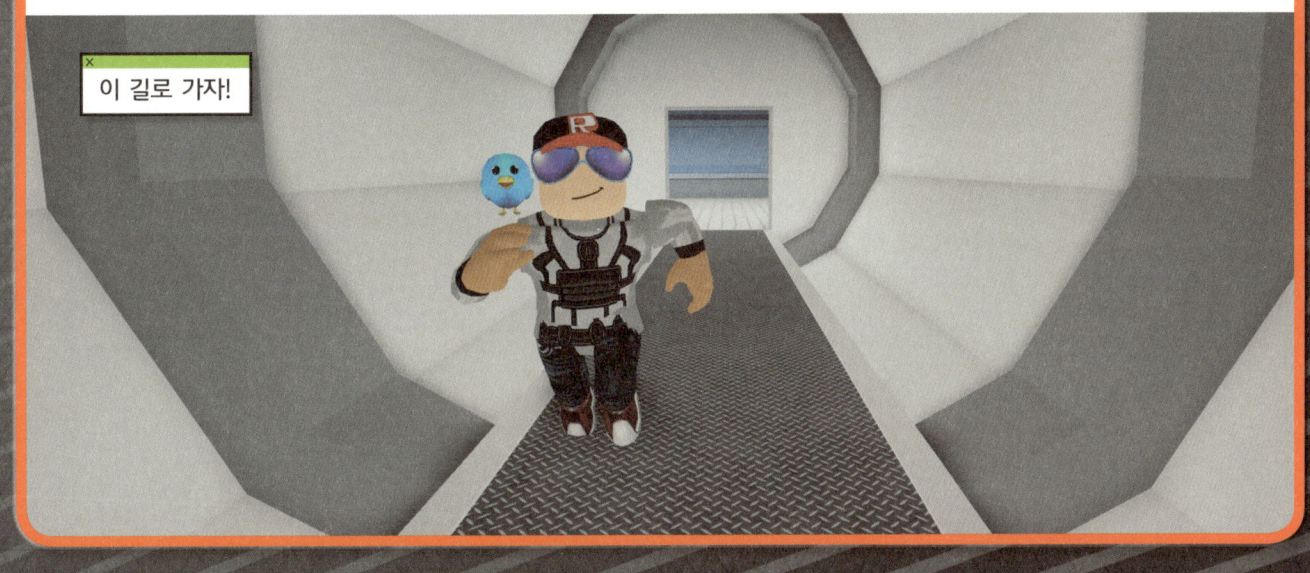

이 길로 가자!

PIGGY CHAPTER 10

개발자: MiniToon

PIGGY CHAPTER 10과 차기 스핀오프인 Piggy But It's 100 Players 게임은 돼지 발과 혼돈으로 가득 차 있습니다. 아마도 개발자 MiniToon은 돼지를 광적으로 좋아하는 것이 틀림없어요. 이 게임은 출시된 지 몇 달 만에 방문자 수가 5억 명을 기록했으며, 새로운 챕터가 계속 출시되고 있답니다. 2020년 3월 Metro 업데이트로 알려진 PIGGY CHAPTER 7에는 Zompiggy 스킨을 착용한 거대한 Piggy 캐릭터가 나옵니다.

이 귀여운 돼지를 주제로 한 게임이 공포 장르에 속하는 이유는 무엇일까요? 이 게임에 나오는 Piggy는 전혀 귀엽지 않으며, 다른 플레이어를 죽이거나 탈출하지 못하게 붙잡는 데 관심이 있거든요. 여러분은 생존자가 되어 탈출할 때 '토큰'이라고 불리는 Piggy 코인을 맵 여기저기서 모아야 해요.

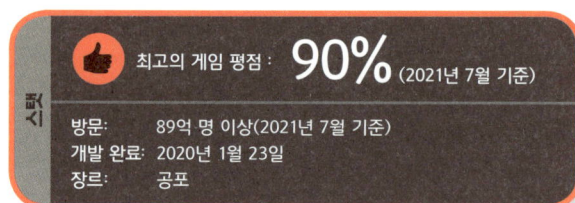

최고의 게임 평점 : **90%** (2021년 7월 기준)
방문: 89억 명 이상(2021년 7월 기준)
개발 완료: 2020년 1월 23일
장르: 공포

게임을 시작할 때 누가 Piggy를 플레이할지 정합니다. Piggy는 여러분이 될 수도 있고 다른 플레이어나 봇(NPC)이 될 수도 있습니다. Piggy의 임무는 다른 플레이어들을 붙잡는 것입니다. 플레이어는 탈출에 도움이 되는 도구와 열쇠 같은 아이템을 반드시 손에 넣어야 합니다.

Piggy에게 잡히지 않도록 맵을 구성하는 방이나 지역을 빨리 익혀야 합니다. 막상 숨으려고 했던 터널이나 비상구가 Piggy에게조차 너무 클 수도 있습니다. 때로는 문 뒤에 숨는 것만으로도 Piggy를 피할 수 있답니다!

> **- 로블록스 꿀팁 -**
> 이 게임은 처음 몇 달 동안은 '알파' 테스트 모드로 공개되었지만 여전히 수억 명의 사용자들의 발길을 이끌었답니다!

이 작은 PIGGY는 시장에 가지 않아요.

 좀비 어택

개발자: wenlocktoad vs indra

혹시 좀비가 실제로 존재하지 않는다고 생각하나요? 깜짝 놀랄 만큼 재미있는 좀비 대전 게임을 해 보면 여러분의 생각이 바뀔 거예요. 이 게임은 광기 어린 몬스터들로 가득하지만 계속해서 연습하고 목표물을 맞히면 성공적인 좀비 사냥꾼이 될 수 있습니다. 망설이지 말고 시작하세요.

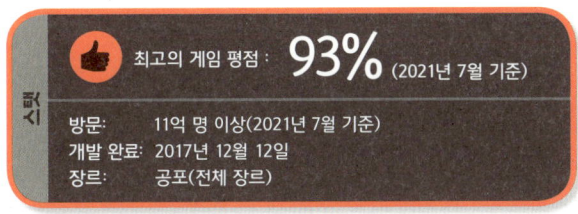

최고의 게임 평점: **93%** (2021년 7월 기준)

방문: 11억 명 이상(2021년 7월 기준)
개발 완료: 2017년 12월 12일
장르: 공포(전체 장르)

처음 게임이 시작되면 초보자용인 일반 모드에서 시작합니다. 어려움 모드를 잠금 해제하려면 50레벨 이상 오를 때까지 더 많은 경험을 쌓아야 해요. 그 덕분에 적을 물리치는 전술에 천천히 익숙해질 수 있답니다. 이 게임은 단순한 총격전이 많은 게임입니다. 라운드마다 좀비가 공격하며 여러분은 무기를 이용하여 좀비들을 막아야 합니다. 좀비를 더 많이 쓰러뜨릴수록 돈과 XP를 더 많이 얻을 수 있으며, 돈으로 산탄총과 우지 기관단총 등의 무기를 살 수 있어요. 참고로, 수류탄은 먼 거리에서도 매우 효과적인 공격을 할 수 있습니다.

보스 좀비를 조심하세요. 다른 좀비들보다 세 배나 더 크기 때문에 누가 보스 좀비인지 쉽게 알 수 있습니다. 총이나 칼을 사용하면 가까이서 좀비를 공격할 수 있지만 수류탄 등으로 먼 거리에서 공격하는 것이 가장 안전해요. 참고로 높은 지형에서는 시야의 범위가 넓어진답니다.

좀비는 어떤 각도나 방향에서든 공격할 수 있으므로 주변을 계속 살펴야 해요. 상점에서 모든 아이템을 업그레이드할 수 있으므로 돈이나 로벅스를 써서 몰려오는 좀비 떼를 물리칠 준비를 하세요!

롤플레잉 게임

멋진 로블록스 캐릭터 역할을 맡아 신나는 경험들로 가득 찬 여행을 떠나 보세요. 롤플레잉 게임은 돈을 모아야 하며 적과 마주할 때도 있습니다. 때로는 잔잔한 매력이 있기도 하지요. 입양하세요! 게임과 호스 월드 게임을 떠올려 보세요. 그 외에도 수백만 명의 사용자들이 즐길 수 있는 멋진 롤플레잉 게임들도 많이 있습니다!

롤플레잉 게임

62 입양하세요!

입양하세요! 게임 타이틀이 없는 로블록스 첫 페이지를 본 적이 있으세요? 수십만 명의 로블록시안들이 동시에 플레이한다는 점을 감안할 때 입양하세요! 게임은 거의 항상 로블록스 메인 타이틀을 장식합니다. 실제로 동시 접속자 수 신기록(2019년 10월 51만 7000명)을 보유하고 있으며 MeepCity에 이어 두 번째로 많이 방문한 게임이랍니다.

크리에이티브 디렉터 Bethink와 테크니컬 디렉터 NewFissy의 아이디어로 개발된 입양하세요! 게임은 플레이어가 부모나 아기 중 한 캐릭터를 선택해서 플레이하는 세련된 롤플레잉 게임입니다. 다른 플레이어에게 다가가 가족이 되어 달라고 요청하면 아기를 입양할 수 있어요.

개발자: DreamCraft

최고의 게임 평점 : **83%** (2021년 7월 기준)

방문: 240억 명 이상(2021년 7월 기준)
개발 완료: 2017년 7월 14일
장르: RPG

- 로블록스 꿀팁 -

입양하세요!는 많은 상을 수상했으며 2020년 블록시 어워드에서 '올해의 스튜디오'로 선정되었습니다.

화창한 날이에요!

여러분이 입양되어서 돌봄을 받을 수도 있어요. 가정에서 아기를 돌볼 때 중요하게 생각해야 할 네 가지 요구 사항이 있습니다. 바로 배고픔, 즐거움, 청결, 그리고 졸음입니다. 이러한 요구 사항이 각각 상태 표시줄에 표시되며, 요구 사항을 적절하게 들어주지 않으면 수치가 감소합니다.

요구 사항이 잘 이행되면 일일 보상이 커집니다. 보상은 벅스라는 돈으로 제공되며, 상점에서 텔레포트 아이템, 펫, 여러 가지 물건 구매뿐 아니라 벅스로 상점에서 물건을 팔아 더 많은 벅스를 벌 수 있는 능력까지 구매할 수 있습니다. 펫은 2019년 입양하세요! 게임 세계에서 큰 비중을 차지합니다. 플레이어는 고양이, 개, 그리고 유니콘 등과 같은 귀여운 동물을 입양할 수 있습니다. 펫은 아기와 다른 다양한 요구 사항들과 욕구를 지니고 있습니다. 차가 있으면 펫과 함께 타고 학교에 갈 수 있답니다.

입양하세요! 게임은 플레이어가 자기만의 독특한 개인 공간이나 집을 꾸미고 만들 수 있다는 큰 장점이 있습니다. 플레이어는 자신의 집으로 스폰되어 아바타를 새롭게 꾸밀 수도 있답니다. 이제 여러분의 취향에 맞게 공간을 디자인하고 옷을 입힐 수 있는 세계를 탐험해 보세요!

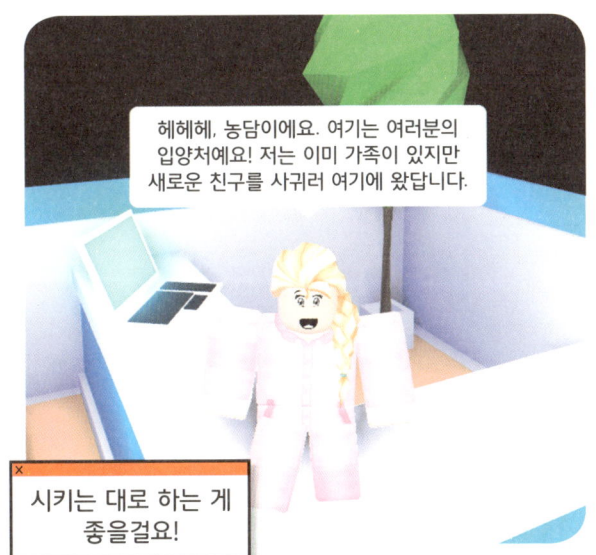

헤헤헤, 농담이에요. 여기는 여러분의 입양처예요! 저는 이미 가족이 있지만 새로운 친구를 사귀러 여기에 왔답니다.

시키는 대로 하는 게 좋을걸요!

아기 또는 부모? 둘 다 경험할 수 있어요!

롤플레잉 게임

SUPER HERO LIFE II

RPG 게임은 여러분이 게임 속 캐릭터가 되어 보는 것이에요. 지금은 여러분이 슈퍼 히어로가 되어 전투에 임할 때입니다. 마블이나 DC 코믹스 등 각종 범죄와 싸우는 영웅들이 나오는 영화와 비디오 게임 열풍 덕분에, SUPER HERO LIFE II 게임에는 시공을 초월한 경험을 하고자 하는 방문객들이 끊이지 않고 있습니다.

개발자: CJ_Oyer

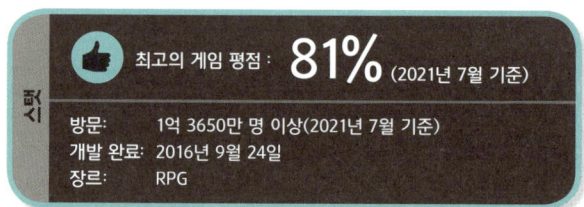

최고의 게임 평점 : **81%** (2021년 7월 기준)

방문: 1억 3650만 명 이상(2021년 7월 기준)
개발 완료: 2016년 9월 24일
장르: RPG

CJ_Oyer이 개발한 오리지널 Super Hero Life 게임은 먼저 성공을 거두었습니다. CJ_Oyer 개발자는 Nightcycle Studios 팀의 다른 개발자들과 함께 더 다양한 슈트, 건물, 맵 등이 등장하는 Super Hero Life 2를 만들었습니다. 이 게임에는 COMBAT MODE(전투 모드)와 ROLEPLAY MODE(롤플레이 모드)가 있습니다.

신규 플레이어가 롤플레이 모드를 선택할 경우, 먼저 주변을 돌아다니며 지형을 파악하는 것이 좋습니다. 여기서 가장 중요한 점은 날아다닐 수 있다는 것입니다! 처음에는 하늘을 날아다니는 게 좀 어려울 수 있습니다. 굉장히 빠른 속도로 하늘을 날아다니기 때문에 체력 및 에너지 바를 잘 살펴봐야 합니다. 롤플레잉 모드에서는 대전이 없지만 영웅들의 능력을 경험하고 자신만의 슈트를 꾸밀 수 있습니다.

슈퍼 히어로 슈트를 만드는 일은 정말 중요해요. 색상과 의상을 바꿔 가며 여러분에게 꼭 맞는 영웅의 패션 스타일로 꾸며 보세요. 체스트 아머, 바디 아머, 마스크, 후드, 부츠, 망토 그리고 스택 등을 추가할 수 있어요.

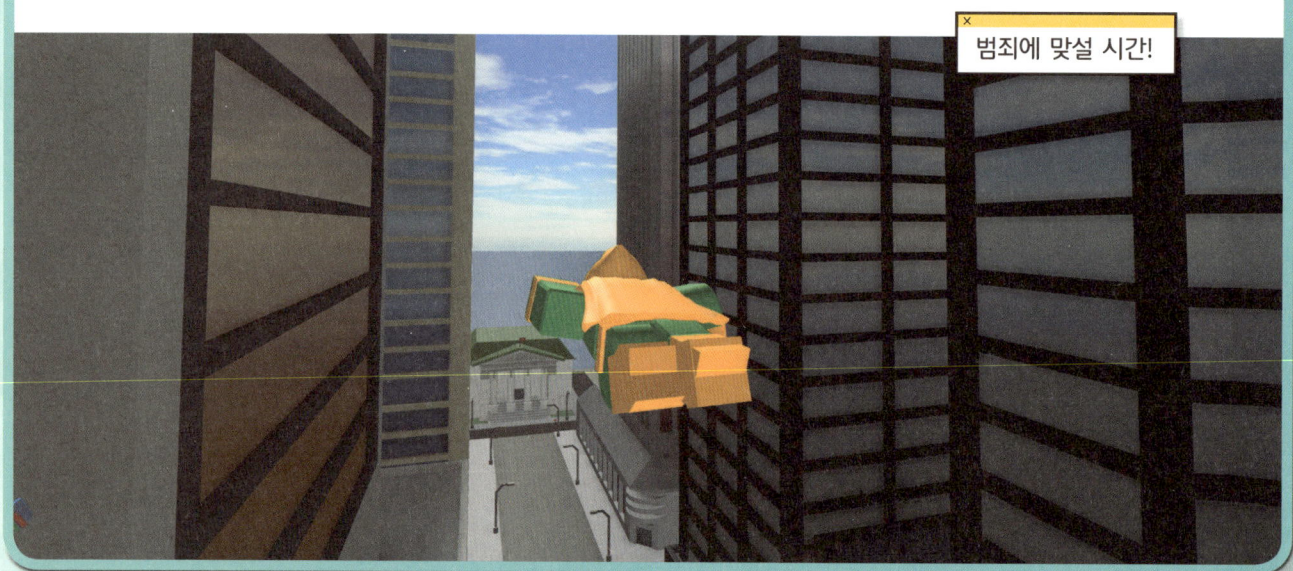

범죄에 맞설 시간!

> 여러분은 도시를 보호해야 합니다!

전투 모드에서는 악당을 쫓아 퀘스트를 완료하면 슈퍼 크레딧과 젬을 얻어 상점에서 쓸 수 있습니다. 전투 모드는 액션으로 가득 차 있으므로 경계심을 늦추지 말고 캐릭터의 능력을 효율적으로 사용해야 합니다!

선택할 수 있는 영웅은 Red Rage, Light Void, The Enforcer, Storm Lord, Snow Sister 등이 있습니다. 각 영웅마다 독특한 외형과 분위기를 가지고 있으며 레이저, 라이플총 그리고 권총 등의 무기를 사용할 수 있고, 무술부터 블리자드 스핀, 펀치에 이르기까지 다양한 능력이 있습니다. Super Hero Life 2에서는 포스 필드, 투명화 그리고 위장 같은 신비한 능력들이 새롭게 등장했기 때문에 예상 밖의 상황이 언제든지 일어날 수 있다는 걸 알아 두세요.

- 로블록스 꿀팁 -

이 게임을 마스터했다면 Super Hero Life III 게임도 한번 해 보세요.

롤플레잉 게임

SURVIVOR

개발자: Peak Precision Studios

"불리한 상황을 극복하고 유일한 생존자가 되기 위해 필요한 능력은 무엇일까요?"

이 게임의 소개 글에서 이렇게 묻고 있습니다. 생존자는 배에서 내린 후 빠르고 현명하게 생각해서 섬에서 오랫동안 살아남아야 합니다. 이런 설정은 RPG 장르 게임에서는 흔치 않지만 흥미롭고 자극적인 재미를 줍니다.

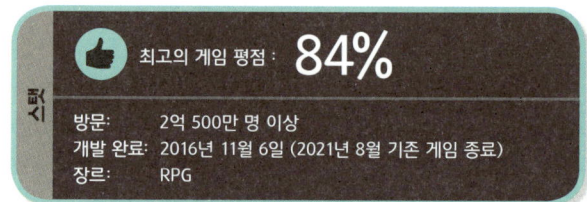

최고의 게임 평점: **84%**

방문: 2억 500만 명 이상
개발 완료: 2016년 11월 6일 (2021년 8월 기존 게임 종료)
장르: RPG

여러분은 이 게임에서 배에서 내린 생존자가 됩니다. 모든 플레이어가 리뎀션 게임 모드와 클래식 게임 모드 중 무슨 모드로 할지와 두 부족의 리더를 투표로 결정한 다음, 두 부족 중 하나를 선택합니다. 여러분이 예상한 것처럼 Survivor 게임에는 투표로 결정해야 할 사항이 많습니다. 게임 내 가이드인 제프는 팀 미션과 개별 미션에 대해 조언하는 캐릭터입니다. 미션에 실패한 사람은 투표를 통해 플레이어 한 명을 탈락시키는 부족 회의에 참여해야 합니다. 참고로, 미션을 잘 수행하면 탈락 면제권을 얻을 수 있습니다.

미션을 클리어하는 데 스킬과 손재주가 필요할 수도 있습니다. 이 게임의 최종 목표는 여러 부족들이 하나로 합쳐지는 것이며, 남은 플레이어들끼리 자신의 생존을 위해 싸웁니다. 각 미니 게임의 승자는 부족 회의 투표에서 탈락하지 않을 권리를 얻습니다. 스폰 지점은 섬 주변에 무작위로 생성되며, 투표 도용, 투표 차단, 힌트, 추가 투표 등의 아이템들이 있습니다. 이런 아이템들은 생존하는 데 큰 도움이 될 수 있어요.

주요 규칙을 잘 모른다면, 관전 버튼을 눌러 경험이 많은 다른 생존자들이 어떻게 게임을 진행하는지 관찰해 보세요.

순조롭게 진행…

…되는 것 같지만 오래 가진 못해요!

59 HORSE WORLD (호스 월드)

개발자: Virtuality World

이 게임에서는 여러분이 로블록스에서 좋아하는 것들로 가득합니다. 호스 월드 게임은 조랑말, 망아지, 말 그리고 심지어 유니콘 등이 자유롭게 돌아다니는 땅으로 여러분을 초대합니다. 이 게임은 롤플레잉과 판타지가 결합된 게임으로, 다양한 말 품종을 모아 커스터마이징하면 컬렉션 정보도 얻을 수 있습니다.

최고의 게임 평점:	**88%** (2021년 7월 기준)
방문:	2억 9930만 명 이상(2021년 7월 기준)
개발 완료:	2017년 11월 18일
장르:	RPG

게임을 처음 시작하면 태블릿, PC, 모바일 등 현재 게임을 하고 있는 사양에 가장 적합한 세계 중에서 하나를 선택합니다. 이 세계들은 동물들이 돌아다니며 편안하게 쉴 수 있는 전원풍의 개방된 장소입니다. 망아지부터 셰틀랜드 포니, 아라비아 망아지, 프리지아 망아지에 이르기까지 40여 종의 말 중 하나를 선택할 수 있습니다. 참고로, 게임 패스가 있거나 로블록스 사용자 그룹에 가입해야지만 선택할 수 있는 품종들도 있답니다.

여러분만의 말을 직접 만들어 보세요. 꼬리, 몸통, 발굽, 입 그리고 턱 색상뿐만 아니라 더 많은 옵션도 선택할 수 있답니다. 돈을 모아, 모험할 때 필요한 아이템과 장신구를 사 보세요. 카트를 모으고 헛간에 들어갈 수도 있습니다. 호스 월드는 진행 속도가 빠르지 않기 때문에 보다 풍부한 상상력을 발휘할 수 있어요. 이제까지 빠르게 진행되는 게임만 해 왔다면, 호스 월드 게임이야말로 로블록스에서 잠시 쉴 수 있는 휴식처가 되어 줄 거예요.

- 로블록스 꿀팁 -

말이 아니라 사람을 선택하여 게임에 스폰될 수도 있습니다. 하지만 이런 행동은 호스 월드 플레이에 맞지 않답니다!

어떤 말을 선택하시겠어요?

히이잉!

58 LIMITLESS RPG

개발자: Core Productions 2.0

디자이너 Breezy가 이끄는 Core Productions는 2019년 말 Limitless RPG를 롤플레잉 장르로 바꾼 뒤부터 더디긴 하지만 확실하게 열성 팬들을 확보했습니다. 그리고 불과 몇 달 만에 방문자 수가 50만 명을 넘자 스튜디오에서는 플레이어에게 XP 물약을 무료로 제공했답니다.

👍 최고의 게임 평점: **93%** (2021년 7월 기준)

방문: 250만 명 이상(2021년 7월 기준)
개발 완료: 2019년 12월 31일
장르: RPG(전체 장르)

개발자들은 고대 세계를 기반으로 다양한 성들과 전사들이 있는 이 게임 맵을 '죽거나 죽이는 땅'이라고 부릅니다. 으스스하네요! 이 게임의 초반 설정은 여러분이 리밋틀리스 워에서 최정예 십자군들을 잃었고, 앞으로 적의 공격으로부터 요새를 보호해야 하는 임무를 띠고 있습니다.

적을 찾기 위해 중세 맵을 수색, 탐색, 그리고 훈련하는 것이 주요 목표입니다. 이런 미션들을 진행한 후에는 귀중한 금화를 보상으로 받을 수 있습니다. 보상받은 금화를 사용하여 상점에서 새로운 무기를 구입하세요. 그리고 금화를 이용하여 이미 보유하고 있는 무기고를 업그레이드할 수도 있답니다.

무기고에는 희귀한 검들이 있으며, 가까운 거리에서만 공격이 가능한 기본 검보다는 더 나은 무기를 곧 장착하고 싶어질 겁니다. 주변을 돌아다니는 전사들을 쓰러뜨리면 XP와 금화를 많이 모을 수 있답니다.

리더보드에 표시된 진행 상황을 주시하면서 적을 쫓아가 죽일 수 있는 효과적인 방법을 찾아야 합니다. 150개 이상의 무기들과 13개의 흥미진진한 구역들이 있는 Limitless RPG 게임을 하다 보면 아무리 해도 끝없는 게임처럼 느껴질 것입니다.

마을 사람들을 만나 보세요.

57 얼음 땡 술래잡기

개발자: Connor VIII

얼음 땡 술래잡기는 몇 년 전에 출시된 게임이지만 최근 들어 인기가 높아지기 시작했습니다. 그리고 드디어 방문자 수 1억 명을 기록하며 2019년 여름, 로블록스표 얼음 땡 게임이 출시되었습니다. 이 RPG 게임에서는 승리를 위해 다른 플레이어를 잡거나 도망쳐야 합니다. 진행이 굉장히 빨라서 혼란스러울 수도 있지만 새로운 경험을 만끽할 것입니다.

최고의 게임 평점: **77%** (2021년 7월 기준)
방문: 1억 4900만 명 이상(2021년 7월 기준)
개발 완료: 2016년 2월 14일
장르: RPG(모험)

얼음 땡 술래잡기 게임에서 도망자들은 주어진 시간이 다 지나기 전까지 모든 사람을 잡아 얼음으로 바꿔야 하는 술래로부터 멀리 도망가야 합니다. '즉시 해동' 능력을 이용하면 얼음에서 풀려날 수 있지만 이 능력을 다 쓰면 상점에서 더 구입해야 합니다. 이 게임은 각 라운드마다 개인 부스트에 대해 안내해 줍니다. 캐릭터들은 대부분 맵에서 적절하게 숨을 수 있는 장소를 찾은 다음 술래가 숨은 장소를 찾지 않기를 바라지만, 얼어붙은 상태에서 벗어나려면 부스트가 필요합니다. 참고로, 무적 부스트를 가지고 있으면 플레이하는 데 큰 도움이 될 거예요.

개발자 Connor VIII는 얼음 땡 술래잡기에 대한 업데이트를 훌륭하게 성공시켰습니다. 2020년 초, Connor VIII는 '멋진' 아크틱시타델 맵과 성을 업데이트하며 새로운 채팅 게임 태그를 추가하고 공항 맵을 다시 가져왔습니다. 업데이트하기 전에는 새로운 로비에 장애물 코스 세 가지를 새로 추가한 것이 전부였지만, 업데이트한 지금은 소름 돋는 이 모험에 푹 빠져들 만합니다.

멋진 선글라스

- 로블록스 꿀팁 -
얼음 땡 술래잡기는 2020년 1월 처음으로 동시 접속자 수 1만 명을 기록했습니다.

계속 움직여!

스포츠

축구부터 피구, 복싱, 체조에 이르기까지 스포츠 장르 게임은 다른 재미있는 장르와 마찬가지로 로블록스의 한 페이지를 장식하고 있습니다. 경기장과 팬이 있는 스포츠 분위기를 실감나게 연출하는 게임이 있는 반면, 승리해서 레벨을 높이고 스포츠에 필요한 반사 신경과 스킬을 요구하는 게임도 있답니다. 자, 지금부터 스포츠 장비를 착용한 후 심판의 호각 소리에 맞춰 움직이세요!

79

스포츠

56 LEGENDS OF SPEED

스포츠 게임은 대개 빠르게 움직여야 하지만, Legends of Speed는 완전히 새로운 차원의 스포츠 게임입니다. 출시 후 12개월 만에 방문자 수 4억 명을 기록한 이 게임은 로블록스 플랫폼에서 가장 빠르게 성장하는 게임 중 하나입니다. 전술, 모험 그리고 다양한 거래 및 보상과 스포츠를 결합한 Legends of Speed를 꼭 경험해 보세요.

개발자: Scriptbloxian Studios

- 최고의 게임 평점: **90%** (2021년 7월 기준)
- 방문: 8억 5380만 명 이상(2021년 7월 기준)
- 개발 완료: 2019년 4월 22일
- 장르: 스포츠(모험)

Legends of Speed 게임의 목표는 맵에서 가장 빠른 플레이어가 되는 것입니다. 게임을 시작하기 전 대기 구역에서 얼마 동안 즐겁고 유용하게 지낼 수 있습니다. 대기 구역에서 달려 보면서 달리기 스킬을 연마하고 속도를 빠르게 할 수 있는 수정구와 보석을 찾아보세요. 참고로, 수정구마다 다른 스탯을 가지고 있습니다.

연습하면 완벽해집니다.

달리는 타이밍을 맞춰 스피드 램프를 타고 오르면 스탯 수치가 엄청나게 올라갑니다! 스피드 램프를 이용하여 공중에 떠 있는 후프를 얻고, 타워 블록을 통과하면 더 큰 보상을 받을 수 있습니다. 속도, 경험치 그리고 레벨 등이 올라가면 레이스에 참가하세요.

레이스는 사막, 초원, 그리고 마그마 등과 같은 장소에 스폰됩니다. 플레이어들은 출발선에 선 다음 결승선까지 달려 금메달, 은메달, 혹은 동메달을 차지할 수 있습니다. 루키 레벨에서는 어떤 메달도 획득할 수 없지만 꾸준히 레벨을 올리면 다양한 레이스에서 스포츠 스타가 될 수 있지요. 참고로, 경주할 때 후프와 떠다니는 섬을 찾으려면 앞만 보지 말고 위도 살펴봐야 합니다.

아바타가 처음으로 환생한 뒤부터 다른 플레이어와 거래할 수 있으며 상점에서 젬과 부스트를 돈으로 교환할 수 있습니다. 또한, 패스와 팩도 구매할 수 있답니다. 이 스포츠 경기장에서 오래 시간을 보내다 보면 100만 이상의 걸음 스탯을 보유하고 레이스에서 50번 이상 우승한 사용자를 봐도 놀랍지 않을 거예요.

> **- 로블록스 꿀팁 -**
>
> Scriptbloxian Studios 커뮤니티 그룹에 가입하면 로비에서 특별한 보상을 받을 수 있습니다.

스포츠

55 DODGEBALL!

피구는 자기 팀 선수들이 전멸하기 전에 상대 팀에 소프트볼을 던져 상대 팀 선수들을 탈락시키는 스포츠로, 전 세계에 있는 학교나 단체에서 즐기고 있습니다. 재미있을 것 같지 않나요? 로블록스 게임인 Dodgeball!을 경험해야 하는 또 다른 이유는 MeepCity를 만든 개발자 alexnewtron이 제작했기 때문입니다.

Dodgeball! 게임은 규칙이 단순해서 기술적인 세부 사항이 필요없습니다. 레드 팀이나 블루 팀을 선택하고 코트에서 공을 던져 상대 팀 플레이어를 공격하면 됩니다. 게임은 팀당 6명으로 구성되며 반드시 코트 한쪽에서만 머물러야 합니다. 화면에 표시되는 하트 모양의 기호로 자기 상태를 확인할 수 있습니다.

하트 모양 기호의 색이 없어지면 상대 팀의 공에

개발자: alexnewtron

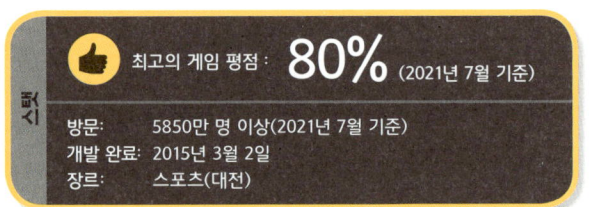

최고의 게임 평점 : **80%** (2021년 7월 기준)

방문: 5850만 명 이상(2021년 7월 기준)
개발 완료: 2015년 3월 2일
장르: 스포츠(대전)

맞았다는 뜻으로, 경기에서 살아남기 위해 최선을 다해야 합니다. 코트 뒤쪽으로 피신하는 것이 좋으며, 계속 움직이고 점프하면서 공에 맞지 않도록 해야 합니다. 상대편에게 등을 보이면 여러분에게 날아오는 물체를 볼 수 없으므로 절대로 등을 돌리지 마세요. 그리고 신체의 어느 부위든 맞으면 데미지를 입습니다.

피할 수 없을 거야!

팀의 선수가 한 명만 남으면 서든 데스로 이어집니다. 상대 팀의 모든 선수가 한 사람을 겨냥하여 공을 던지기 때문에 이때 경기는 공을 잘 피하는 것이 관건입니다. KO 히트 및 던지기에 대한 통계를 기록하여 경기마다 MVP를 발표합니다. 레벨이 높아지면 스포티니스도 증가합니다. XP를 높일 수 있는 아이템을 구입하거나 경기를 하면서 XP를 얻으면 순위를 올릴 수 있습니다.

농구공부터 볼링공과 무서워 보이는 눈알 스킨까지 멋진 Dodgeball! 스킨을 상점에서 구매할 수 있습니다! 상점에서 새롭고 눈에 띄는 룩을 구매하려면 세르츠(Certz)라는 돈이 있어야 합니다. Dodgeball!에서는 초보 플레이어가 눈에 잘 띄기 때문에, 시작 호루라기 소리가 울리면 여러분의 팀이 이길 수 있도록 최대한 빨리 경기 규칙을 익혀서 경기에 적응해야 합니다.

스포츠

54 킥오프

킥오프는 매년 수천만 명의 플레이어가 스포츠 행사를 구경하려고 들어오기 때문에, 방문자 수가 계속 늘어나고 있습니다. 세련된 그래픽 사용자 인터페이스를 갖춘 이 게임은 득점하는 방법이 매우 간단하면서도 중독성 있습니다. 킥오프는 로블록스 게임 페이지에 광고를 하거나 지속적으로 업데이트를 할 필요가 없을 만큼 인기 있는 게임입니다.

축구 게임은 5 대 5 경기로 진행되며, 먼지가 많은 들판, 도시 환경 그리고 옆에 이글루가 보이는 추운 북극 경기장 등 엉뚱하고 신기한 장소가 경기장 맵으로 설정되어 있습니다. 미국 팀이나 브라질 팀으로 플레이를 할 수 있으며 플랫폼에 관계없이 환경 설정과 단축키를 가능한 빨리 파악하는 것이 중요합니다.

개발자: CM Games

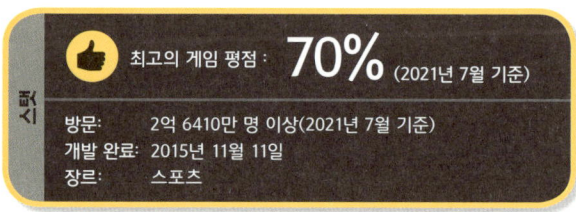

최고의 게임 평점: **70%** (2021년 7월 기준)

방문: 2억 6410만 명 이상(2021년 7월 기준)
개발 완료: 2015년 11월 11일
장르: 스포츠

- 로블록스 꿀팁 -

킥오프에는 즐겨찾기가 100만 건 이상 등록되었습니다. 스포츠 게임인 것을 감안하면 굉장히 인상적인 수치이지요.

게임 중에 무슨 일이 일어나고 있는지 잘 보려면, 와이드 앵글로 뷰를 축소해서 팀 동료 위치와 경기장 속 움직임을 살펴봐야 합니다. 참고로, 미니맵 옵션은 없습니다. 득점을 하려면 공을 막은 다음 패스하고 뛰어야 합니다. 파워, 트릭샷 그리고 체력 등이 화면에 표시되며, 상대편을 쫓으려고 계속 전력 질주하면 체력을 재충전하는 데 시간이 걸릴 수도 있답니다. 골대 안으로 골을 넣는 스피닝 트릭샷 묘기를 쓰면 다른 플레이어들이 너무 놀라 정신을 못 차릴 거예요.

킥오프에서는 스탯이 상당히 중요한 역할을 합니다. 경기를 하면서 리더보드 뿐만 아니라 로비 구역에 표시되는 득점과 패스 기록을 주의 깊게 보세요. 경기가 시작되면, 상대 수비에 압박을 가하고 골키퍼를 정신없이 바쁘게 해야 합니다. 참고로, 경기마다 최고의 축구 스타를 뽑는 MVP가 마련되어 있습니다. 여러분도 분명 받을 수 있을 거예요!

중간 휴식 시간과 서버가 로드되는 동안 작은 잔디 구역에서 거대한 축구공으로 연습하세요. 이렇게 연습하면 스킬을 연마할 수 있지요. 로비에서는 다른 플레이어 주위를 맴돌면서 골을 넣을 수 있는 거리 등 개별 스탯을 확인할 수도 있답니다.

스포츠

53 SUPER STRIKER LEAGUE

개발자: Cinder Studio

방금 전 소개한 킥오프에 이어 Super Striker League도 인기 있는 스포츠 게임으로, 스포츠에 대한 간단한 아이디어를 최대한 활용하면 어떤 일이 일어날 수 있는지 보여줍니다. Super Striker League는 출시된 지 불과 6개월 만에 방문자 수 3천만 명을 기록했습니다. 로블록스 커뮤니티가 이 게임으로 빠르게 옮겨 간 덕분에 이 게임의 개발자들은 2020년 블록시 어워드에서 빌더맨 어워드를 수상했답니다!

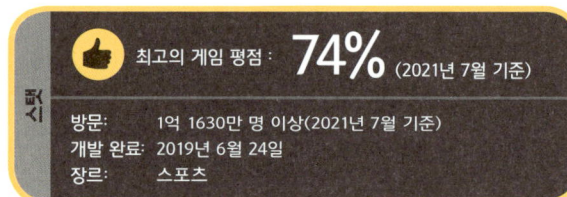

- 최고의 게임 평점: **74%** (2021년 7월 기준)
- 방문: 1억 1630만 명 이상(2021년 7월 기준)
- 개발 완료: 2019년 6월 24일
- 장르: 스포츠

Super Striker League 게임에서는 플레이어가 축구 경기장에서 더 좋은 플레이를 할 수 있도록 무적 스타, 부스트, 폭탄 등 다양한 아이템들을 잠금 해제하고 업그레이드할 수 있습니다. 화려한 스트라이커 시티에 들어가면 텔레포터는 말도 안 되는 게임들이 초고속으로 진행되는 경기장으로 여러분을 안내합니다. 게임은 빠르게 진행되며 다양한 스킬이 필요합니다. 레이저가 여러분을 쓰러뜨린다거나 하는 예기치 못한 방해가 있을 수 있으니 조심하세요.

XP, 돈, 포인트 등이 각 게임마다 제공되며, 리더보드에서 최고의 플레이어와 여러분의 순위를 확인할 수 있습니다. 플레이를 잘하면 '오늘의 선수상'을 수상할 수도 있습니다. 참고로, 슈퍼 차지 기능을 이용하여 골문을 향해 공을 차면 상대편을 기절시킬 정도의 충격을 줄 수 있습니다.

Super Striker League를 방문하면 일일 보상으로 돈을 받을 수 있습니다. 진행 방식에 익숙해지고 팀 동료들과 함께 플레이하는 방법을 배우자마자, 파티원들이나 친구들과 비공개 시합을 하면 어떨까요?

슈퍼 스트라이커!

BOXING SIMULATOR

개발자: Tetra Games

> 능수능란하게 피하고, 열심히 훈련하고, 힘든 상황을 견뎌 낼 수 있나요? Boxing Simulator는 스포츠 장르와 롤플레잉 장르를 결합한 하이브리드 게임으로, 건장하고 노련한 운동선수 역할을 맡아 복싱에서 최고가 되기 위해 훈련합니다. 이 게임은 다소 힘들 수 있기 때문에 강인한 성격이 필요합니다.

최고의 게임 평점 : 92% (2021년 7월 기준)

- 방문: 9380만 명 이상(2021년 7월 기준)
- 개발 완료: 2019년 10월 6일
- 장르: 스포츠(전체 장르)

게임 속에서 거대한 장갑을 낀 자신을 상상하면 재미있습니다. 일일 보상 구역으로 가면 무료로 코인을 얻을 수 있습니다. 참고로, 코인은 섬 주변에 더 많이 흩어져 있어요. Boxing Simulator에는 다양한 거래 옵션들이 있어서 힘과 능력치를 올릴 수 있습니다. 힘은 상점에 팔 수 있으며 DNA도 업그레이드할 수 있어요. 신규 플레이어는 눕 선수에서부터 시작하며 루키, 중급 등의 랭크로 올라갈 수 있습니다. 여러분을 만만하게 생각하는 다른 선수들이 있으면 경기가 시작돼요!

상대 복서와 함께 링에 오르면, 적을 압박할 수 있는 x2 스윙 스피드 같은 트릭을 최대한 활용해 보세요. 진행을 하다 보면 다양한 적들과 경기를 하게 됩니다. 특히, 던전 속 몬스터를 조심하세요. 보상으로 모은 젬을 써서 펫을 잠금 해제할 수 있습니다. Boxing Simulator는 보기와 다르게 상당히 매력적인 기능들이 있답니다.

- 로블록스 꿀팁 -

개발자 DragonJest가 만든 Boxing Simulator 2도 있지만 동시 접속자 수나 시합 횟수는 오리지널 게임인 Boxing Simulator가 더 많습니다.

손을 올려!

스포츠

51 체조 경기장

개발자: Olympic Gymnast Competition

> 멋진 외형을 갖춘 아바타가 다른 아바타들과 함께 깔끔한 루틴, 비틀기, 돌기 등을 배우는 모습을 보고 싶다면 체조 경기장 게임에 들어가 보세요. 이 게임은 다양한 체조 경기에서 도구를 써서 경쟁을 벌이는 스포츠 경기입니다.

스탯
- 최고의 게임 평점: **82%** (2021년 7월 기준)
- 방문: 6570만 명 이상(2021년 7월 기준)
- 개발 완료: 2016년 12월 18일
- 장르: 스포츠

체조 종목에는 마루, 평행봉, 철봉, 안마, 평균대, 링 등이 있습니다. 개방된 매트 구역과 레인을 이용하여 자신의 루틴을 연습할 수 있습니다. 마루 경기장이 붐비기 때문에 차례를 기다리거나 다른 플레이어를 배려하는 등 몇 가지 규칙이 있습니다. 초보부터 중급, 고급, 엘리트까지 네 가지 레벨에 주목하세요. 체조 선수는 스킬과 경험이 향상될 때까지 적절한 레벨을 유지합니다.

관전 모드를 켜면 경험이 많은 연기자를 보며 최고의 팁을 얻을 수 있습니다. 스프링보드에서 전력으로 질주한 후 공중제비를 넘는 동작은 보기에는 간단해 보일 수 있지만, 프로들이 이런 동작을 수월해 보이게 만드는 거랍니다!

어떤 기구를 사용하든 마우스를 클릭하거나 버튼을 눌러서 동작을 할 수 있습니다. 기구 위에서 자유롭게 움직일 수 있도록 해당 키가 어떤 동작인지 기억하세요. 재미있는 이벤트와 월간 대회를 하다 보면 연기력과 능력이 향상될 것입니다. 이 슈퍼 스포츠 무대에서 즐거운 시간을 보내길 바랍니다.

- 로블록스 꿀팁 -
사용자는 자신만의 레오타드를 만들거나 상점에서 다양한 레오타드를 구매할 수 있습니다.

HOCKEY WORLD LEGACY

개발자: Hockey World

퍽이 빙판 위로 떨어지면, 대결할 준비를 하세요! Hockey World는 여러분을 아이스하키 경기장으로 안내합니다. 이 게임에서 재빠르게 돌진해 스틱으로 퍽을 힘껏 후려치면, 누가 이기고 누가 질지 단번에 결정됩니다.

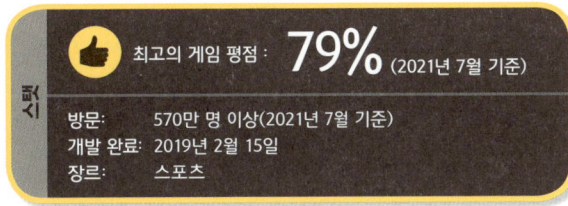

👍 최고의 게임 평점 : **79%** (2021년 7월 기준)

방문: 570만 명 이상(2021년 7월 기준)
개발 완료: 2019년 2월 15일
장르: 스포츠

신규 플레이어는 일대일 플레이를 위해 먼저 연습 서버로 텔레포트됩니다. 연습을 먼저 하면, 스틱을 사용하여 태클하고 골대를 향해 질주하는 플레이에 잘 적응할 수 있습니다. 물론 골문은 골키퍼가 지키고 있기 때문에 득점하기 쉽지 않답니다. 인기 많은 다른 NHL 게임과 마찬가지로 빙판에서도 물리적인 우위가 있기 때문에, 강력한 팀워크를 유지하면서 태클과 빠른 패스를 하고 골문까지 바로 돌진하세요.

3 대 3 리그 게임에서 스틱을 강화하여 퍽을 강하게 쳐야 합니다. 득점과 어시스트는 로비 구역에서 구매할 수 있을 뿐만 아니라 빙판 위에서 자기만의 개성을 드러낼 수 있도록 음악이나 스틱을 직접 만들 수 있답니다.

- 로블록스 꿀팁 -

라커룸 벽에는 아이스하키가 거친 스포츠임을 증명하는 '절대로 포기하지 마세요' 같은 문구가 걸려 있습니다.

퍽!

대전

싸울 준비를 하세요! 수백만 게이머들은 무서운 몬스터와의 대결부터 주먹이나 발, 무기를 사용하는 적과의 전투에 이르기까지 다양한 로블록스 대전 게임을 경험할 수 있습니다. 대전 게임은 FPS, 모험 그리고 공포 등의 장르까지 넘나들지만, 어떤 스타일의 게임이든 한 가지는 확실합니다. 대전 게임은 반드시 이겨야 하는 싸움이라는 점입니다.

대전

49 HEROES ONLINE

스피닝 스트라이크, 휠윈드 킥, 페로셔스 어퍼컷은 Heroes Online 게임에서 마스터할 수 있는 특수 동작입니다. Heroes Online 은 대전 게임 팬들에게 인기를 한 몸에 받고 있으며, 반드시 플레이해야 할 게임입니다. 이 게임에서는 치열한 전투를 벌이고, 능력을 업그레이드하며, 중요한 퀘스트를 수행합니다. 여러분에게 영웅이 될 수 있는 능력이 있는지 확인하고 싶지 않나요?

팀 배틀 모드와 비스트 포레스트 모드는 더 높은 레벨에 도달해야 잠금 해제를 할 수 있습니다. 게임을 시작하면 여러분은 Hosu City에 스폰됩니다. 아바타의 복장, 헤어, 눈 그리고 스킨 색상 등 세부적인 부분을 편집하여 슈퍼 히어로 대전 캐릭터에 맞는 룩을 만들어 보세요. 그런 다음 맵 주변에 있는 가이드를 만나 미션을 받아야 합니다.

개발자: Bloxxit Studios

스탯
최고의 게임 평점: **89%** (2021년 7월 기준)
방문: 1억 3600만 명 이상(2021년 7월 기준)
개발 완료: 2018년 6월 22일
장르: 대전(전체 장르)

- 로블록스 꿀팁 -
팀 배틀 모드에서는 승리를 쟁취하기 위해 5 대 5로 치열하게 싸우는 상황이 연출됩니다.

사건을 찾아요!

초기에 간단한 스파링 임무를 수행하면 근접 전투 스킬을 시험해 볼 수 있습니다. 퀘스트 상태가 화면에 표시되고 퀘스트를 완료하면 업그레이드에 필요한 Yen, XP, Fame 포인트를 얻을 수 있습니다.

Heroes Online 게임에서는 능력을 '쿼크'라고 부릅니다. 전투에서 쉽게 사용할 수 있도록 슬롯(키보드의 E, R, T, F, G, Z 키)에 쿼크를 장착하면 적을 물리치고 임무를 수행할 때 전투 효율성을 높일 수 있습니다. 쿼크는 Common, Rare, Epic, Legendary 등급으로 나뉘어져 있으며, 등급이 높은 쿼크는 훨씬 더 많은 능력을 제공합니다. 상대방에게 킥과 펀치를 혼합하여 빠르게 마무리하세요.

Heroes Online에서 가장 멋진 부분은 그래픽입니다. 싸우는 동안 화면이 흔들리기 때문에 실감나는 경험을 할 수 있습니다. 상대와 충돌하면 만화 스타일의 애니메이션을 볼 수 있으며, 전투 중 핵심이라고 할 수 있는 스태미나와 에너지 상태를 상단에서 확인할 수 있답니다.

새로운 레벨에 도달하면 Rescue the Civilians 같은 이벤트에 초대됩니다. 이 이벤트에서는 제한된 시간 동안 맵 주변에 있는 무고한 사람들을 찾아 도움을 주면 Yen과 XP뿐만 아니라 SP 레벨이 높아지는 보상을 받을 수 있습니다. 이 이벤트를 계속 진행하다 보면 결국 팀 전투를 마스터하게 되며, 보스와도 상대해 엄청난 보상을 받을 수 있습니다.

한 판 붙자!

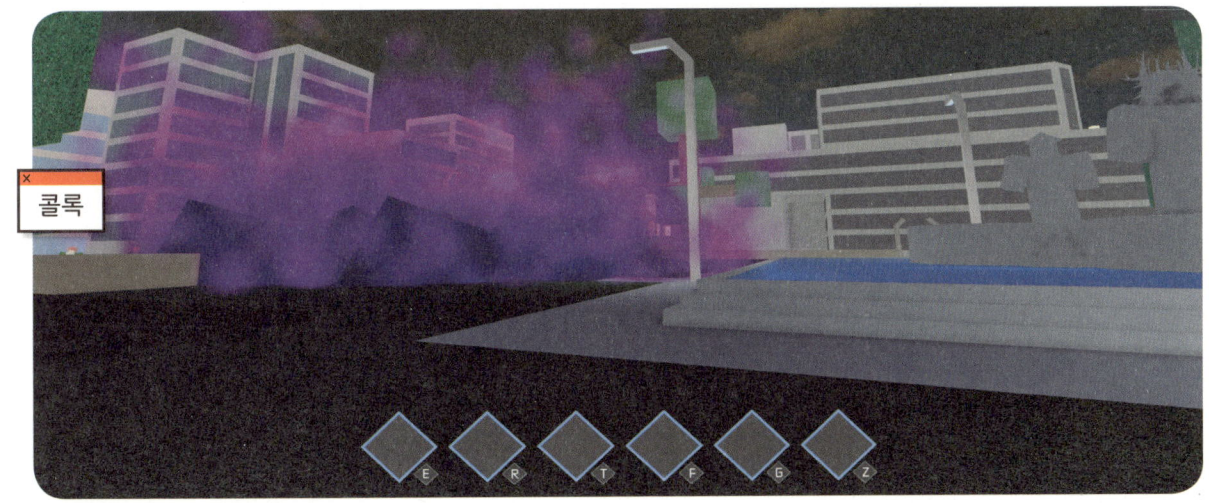

콜록

대전

 RO-GHOUL

혹시 실수로 공포 게임에 들어간 게 아니냐고요? Ro-Ghoul은 대전 게임이면서 잔혹한 모험 게임입니다. 이 게임을 한번 시작하면 충격과 놀라움으로 가득한 전투와 캐릭터에 시선을 뗄 수 없을 것입니다. 다른 전통적인 대전 게임들과 마찬가지로 주먹과 발로 하는 공격과 방어가 다양할 뿐만 아니라 무기, 재료 수집, 그리고 미션 등도 많습니다.

일본 애니메이션의 영향을 많이 받는 Ro-Ghoul의 세계에서 여러분은 CCG(구울 대책국)의 정예 멤버가 되어 사악한 구울을 찾아 없애야 합니다. 이 소름 끼치는 괴물로부터 사람들을 보호해야 하지만 구울은 일반 사람들과 매우 비슷한 모습을 했기 때문에 구별하기 쉽지 않습니다.

구울과 싸우기 위해 CCG는 '쿠인케'라는 무기로 무장합니다. 쿠인케는 구울이 사용하는 무기

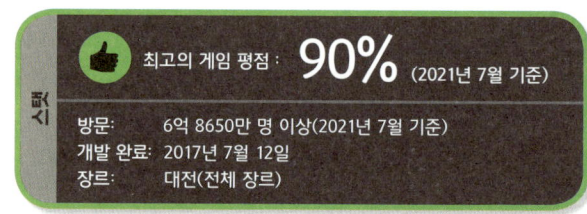

개발자: SushiWalrus

최고의 게임 평점: **90%** (2021년 7월 기준)
방문: 6억 8650만 명 이상(2021년 7월 기준)
개발 완료: 2017년 7월 12일
장르: 대전(전체 장르)

카쿠네와 유사한 속성을 가지고 있습니다.

구울과 싸울 때 가면을 써서 자신의 신분을 숨기면 구울의 잔인한 복수로부터 캐릭터를 보호할 수 있습니다. RC 세포는 Ro-Ghoul 게임에서 매우 중요한 요소입니다. 이 세포들을 모아 쿠인케 무기를 만들 수 있으며, RC 세포를 얻으면 CCG 본사로 보낼 수 있습니다.

저 경치를 한번 봐.

이렇게 하면 치명적인 무기를 업그레이드하여 전투를 더 효과적으로 할 수 있습니다! CCG에 대한 미션도 수행할 수 있으며 보상을 받으면 명성이 향상됩니다.

키보드에서 W, A, S, D 키를 각각 두 번 연속해서 누르면 회피 동작을 할 수 있습니다. X 키를 누르면 달리기로 전환할 수 있으며, Q 키를 이용하여 주먹을 휘두를 수 있습니다. 공격이 성공하면 경험치를 얻을 수 있으므로 스탯을 잘 살펴보세요. 스탯을 이용하면 펀치 강도나 대시 거리 같은 신체 능력을 높일 수 있을 뿐만 아니라 쿠인케 무기도 직접 업그레이드할 수 있답니다.

Ro-Ghoul 게임도 팀으로 플레이할 수 있습니다. 동맹을 결성하면 팀으로 뭉쳐 다닐 수 있기 때문에 다른 플레이어들이 싸움을 걸지 않을 것입니다. 하지만 원하지 않는 사람과 친구가 된다면 역효과를 가져올 수 있어요. 그러면 무시무시한 구울과의 대결에서 승리하길 빌겠습니다.

대전

47 BLOX FRUITS

Blox Fruits는 일반적인 대전 게임처럼 보이지 않지만, 그렇다고 이름만 보고 섣불리 음식을 주제로 한 재미있는 게임이라고 생각하지는 마세요. 실제로 2019년 여름까지 Blox Piece 라고 불렸던 Blox Fruits는 대전, 퀘스트, 액션, 모험 장르에 다양한 사건과 반전이 결합된 게임이랍니다.

Blox Fruits는 진영을 선택하는 것으로 시작합니다. 즉, 해적과 해병대 중 하나를 선택하면 선택한 편과 함께 여행을 떠나게 됩니다. 먼저 플레이어들끼리 피해를 줄 수 없으며 게임 속에서 자동으로 전투하는 파이터와 마주하는 Safe Zone에 들어가야 합니다.

개발자: go play eclipsis

스탯
- 최고의 게임 평점 : **93%** (2021년 7월 기준)
- 방문: 19억 명 이상(2021년 7월 기준)
- 개발 완료: 2019년 1월 16일
- 장르: 대전(모험)

- 로블록스 꿀팁 -
섬 주변에 있는 리크루터를 찾아가면 게임 중 언제든지 팀을 바꿀 수 있습니다.

레벨을 높이세요!

레벨을 높이기 위해 도적을 물리치는 퀘스트를 진행하면 베리와 특급(EXP)을 보상으로 받을 수 있습니다. 일반적으로 초기 레벨인 경우, 특정 퀘스트를 통해 근접 전투에서 승리하면 약 40 베리와 365특급을 받을 수 있답니다.

플레이어의 체력과 에너지는 각각 녹색 및 파란색으로 화면에 표시됩니다. 플레이어는 대시 단축키(PC에서는 Q 키)를 사용하면 맵을 빠르게 이동하거나 전투 시 돌진할 수 있지만 에너지가 크게 줄어듭니다. 하지만 쉬는 동안 에너지는 다시 회복됩니다. 키보드를 사용하는 플레이어는 컨트롤 버튼을 눌러 질주를 활성화할 수도 있습니다. 모바일 사용자의 경우, 개발자는 지연을 최대한 줄일 수 있도록 빠른 모드 옵션을 설정하는 것을 권장합니다.

레벨을 올린 후 상점 캐릭터를 방문하면 배를 살 수 있으며, 새로운 섬으로 항해하여 새로운 적과 싸울 수 있습니다. 새로운 섬에 도착한 뒤에는 죽고 다시 살아날 때 완전 처음으로 돌아가지 않고 해당 구역에서 부활할 수 있도록 스폰 위치를 설정하세요.

근접 전투는 게임에서 애니메이션화가 잘된 부분 중 하나로, 주먹을 휘두를 때 만화의 한 장면 같기도 합니다. 디스트로이어의 종류에 따라 개인 대전 스탯을 설정할 수도 있습니다.

산책해요!

날 좀 봐요!

대전

46 SUPER DOOMSPIRE

개발자: doomsquires

> 강렬한 반전을 원한다면, Super Doomspire 세계에서 전투와 대전을 경험해 보세요! 다른 대전 장르 게임에 비해 근접 결투와 대결은 적은 편이지만, 승리를 위해 팀 동료들과 경쟁할 때는 박진감이 넘치며 흥미진진하답니다.

이 게임의 목표는 상대 팀이 여러분의 타워를 파괴하기 전에 상대편 타워를 먼저 파괴하는 것입니다. 노란색, 초록색, 빨간색, 파란색 팀 중 어떤 팀에 합류하든 간에 모든 타워와 상대편 플레이어를 제거해야 승리할 수 있습니다.

스폰 포인트를 파괴하고 상대편과 싸울 때 사용할 수 있는 무기가 다양합니다. 로켓포는 타워를 무너뜨릴 수 있을 뿐만 아니라 다른 팀이 있는 곳으로 이동하는 데 도움을 줄 수 있어서 단거리 및 장거리 공격에도 적합하답니다. 폭탄은 정확하게 겨냥하여 공격하기 어렵지만 높이 점프하거나 타워를 부수는 데 도움이 됩니다. 그 밖의 다른 무기로는 검, 건설 그리고 슈퍼볼 등이 있습니다.

스탯
👍 최고의 게임 평점 : **83%** (2021년 7월 기준)
방문: 1억 4030만 명 이상(2021년 7월 기준)
개발 완료: 2019년 8월 24일
장르: 대전

거대한 테니스공처럼 생긴 슈퍼볼에는 더 큰 충격을 줄 수 있는 슈퍼 차지 기능이 있으므로, 제어하는 방법을 정확히 익혀야 합니다!

여러분 팀이 다른 타워를 무너뜨려 이기면, 스폰과 KDR뿐만 아니라 KO 통계를 확인할 수 있으며 새롭게 업그레이드된 장비도 착용할 수 있습니다. 통계 옵션에서 블록, 반사 그리고 폴아웃 KO에 대한 수치도 살펴볼 수 있답니다.

- 로블록스 꿀팁 -
업적은 초급, 중급, 고급으로 난이도가 구분됩니다.

SWORD FIGHTING TOURNAMENT

개발자: TheGamer101

이 게임은 무려 20년 전에 출시되었는데도 여전히 많은 사람들이 찾고 있어요. 맞아요, Sword Fighting Tournament는 2009년에 처음 공개됐지만 개발자 The Gamer 101 의 소소한 업데이트 덕분에 여전히 재미있는 게임입니다.

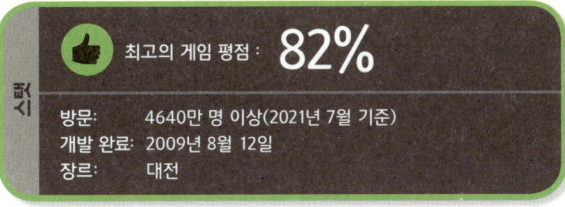

최고의 게임 평점: **82%**
방문: 4640만 명 이상(2021년 7월 기준)
개발 완료: 2009년 8월 12일
장르: 대전

개발자들이 이 게임을 로블록스에서 가장 인기 있는 검투 게임이라고 소개한 것처럼 여기서는 다양한 게임 모드가 있으며, 토너먼트에서 다른 플레이어들과 대결할 수 있습니다.

게임에서 제공하는 검 무기는 상당히 인상적이며, 흥미로운 맵과 다양한 도구와 지형은 미션을 진행하기에 완벽한 조화를 이루고 있습니다. 게임은 일대일 경기나 더 혼란스러운 free-for-all로 진행됩니다. 진지하게 경기에 참여하다 보면 슈퍼 배지를 얻게 될 것입니다. 참고로, Sword Fighting Tournament에서 슈퍼 배지를 자랑하면 강력한 프리 에너지 검을 손에 넣을 수 있답니다.

- 로블록스 꿀팁 -
검마다 공격력이 다르며 다양한 범위에서 사용할 수 있습니다.

일부 맵에서는 낮은 지형을 이용하여 무기로 공격하는 게 좋지만, 상대가 더 높은 지형으로 이동하면서 기습할 수도 있습니다. 숨어서 적을 기습할 수도 있고요. 이동 가능한 구역을 맵에서 확인하세요. 막다른 골목을 마주하면 여러분의 토너먼트가 끝날 수도 있답니다.

대전

44 광선검 시뮬레이터

개발자: HD Games

영화 스타워즈를 좋아한다면, 액션으로 가득 찬 이 대전 게임에서 즐거운 경험을 할 수 있을 겁니다. 광선검 시뮬레이터에는 무기와 관련된 퀘스트가 많으며, 광선검을 휘둘러 능력과 클래스를 강화할 수 있습니다. 이 게임은 최고의 장비를 얻어 장착하는 것이 중요합니다. 로블록스 첫 페이지에 올라온 지 불과 5개월 만에 방문자 수 2억 5천만 명을 기록한 광선검 시뮬레이터는 지금까지 로블록시안들에게 재미를 주고 있으며, 개발자 HD Games의 업데이트로 점점 더 진화하고 있습니다.

이 게임은 캐릭터를 훈련하고 광선검을 휘두를 때마다 힘이 계속 상승합니다. 힘이 증가할수록 체력과 데미지도 엄청나게 증가합니다. 참고로, 훈련을 계속하면 힘을 코인으로 바꿀 수 있습니다.

- 최고의 게임 평점: **86%** (2021년 7월 기준)
- 방문: 4억 9480만 명 이상 (2021년 7월 기준)
- 개발 완료: 2019년 9월 7일
- 장르: 대전

코인을 사용해서 광선검뿐만 아니라 DNA와 대전 클래스도 업그레이드할 수 있습니다. 눕 등급의 캐릭터로 언제까지나 머물고 싶은 사람은 없을 거예요. 솔져, 오버로드, 데미갓, 케르베로스 등급이 적들에게 훨씬 더 무섭게 보일 수 있습니다.

광선검 레벨을 잠금 해제하면 능력이 크게 향상됩니다. 광선검을 처음 업그레이드하면 그린 2x 광선검이 될 것입니다. 이 게임의 궁극적인 목표는 언덕 꼭대기에서 유일한 플레이어가 되는 것입니다. 언덕 꼭대기에 혼자 있게 되면, 킹 포인트를 받을 수 있으며 리더보드에서 챔피언이 될 수 있어요.

- 로블록스 꿀팁 -

펫은 광선검 시뮬레이터의 일부로 레벨 업을 할 수 있으며 착용도 가능합니다.

레벨 잠금 해제!

APOCALYPSE RISING

개발자: Gusmanak

Apocalypse Rising의 공식 개발 완료일은 2008년 4월 1일로, 그야말로 고전적인 로블록스 게임입니다! Apocalypse Rising은 좀비와의 싸움과 생존이 중요한 굉장히 진지한 게임입니다. 대전, 모험, 무기, 전술 등이 결합된 이 게임의 기본 원칙은 안전한 곳까지 전력으로 달리는 것입니다.

- 최고의 게임 평점: **85%** (2021년 7월 기준)
- 방문: 2억 2780만 명 이상(2021년 7월 기준)
- 개발 완료: 2008년 4월 1일
- 장르: 대전(모험)

Apocalypse Rising의 맵은 거대합니다. 특히 리본 지역과 하드코어 지역은 광활한 대지에서 탐험과 모험을 즐길 수 있어요. 플레이어는 사방에 흩어져 있는 음식과 음료를 구해 황무지에서 살아남아야 합니다. 음식과 음료로 허기와 갈증 수치를 채울 수 있으며 좀비로부터 탈출하고 반격하려면 반드시 이 수치를 일정하게 유지해야 합니다.

스폰 전에 카디오(2배 속도 및 스태미나), 서바이벌리스트(갈증 및 허기 최대치 상승), 닌자(은신) 그리고 바이탈리티(체력) 중에서 하나를 선택하고 스폰 버튼을 누르세요.

반자동 무기에 사용되는 탄창 크기가 제한적이어서 재장전하는 데 몇 초 정도 시간이 걸리므로 지역을 이동할 때 탄약을 아끼며 잔인한 생명체를 물리쳐야 합니다. 전력 질주를 하면 해당 에너지가 빠르게 줄어들기 때문에 화면 하단에 표시된 수치를 잘 살펴야 합니다.

인벤토리 용량을 늘려 몬스터와 싸울 준비를 하세요. 건설 장비와 부품 사용법을 마스터하면 해당 구역에서 살아남는 데 도움이 됩니다. 플레이어가 죽으면 화면에 표시되는데 여러분의 이름이 표시되지 않도록 조심하세요!

크르르!

바로 뒤에 있어요!

배틀 로열

이 장르 게임은 최근 엄청난 인기를 끌고 있습니다. 섬에 떨어진 게이머들이 무기와 아이템을 줍거나 빼앗고, 적들을 모두 제거하여 최후의 1인으로 살아남는 것이 목표입니다. 배틀 로열 모험은 정신이 없지만 재미있으며 박진감 넘치는 미션들로 가득하답니다.

배틀 로열

ALONE: BATTLE ROYALE

인기 컴퓨터 게임인 '포트나이트 배틀 로열'을 기반으로 만든 로블록스의 Alone: Battle Royale 게임은 원작과 매우 유사한 스타일의 무기와 모험이 가득한 맵으로 여러분을 안내합니다. 미션은 게임에서 최후의 1인이 되는 것입니다. 포트나이트 배틀 로열에 있지만 Alone: Battle Royale에 없는 유일한 기능은 바로 건설입니다.

플레이어는 로비에서 듀오 모드, 솔로 모드, 스쿼드 배틀 로열 모드 중에서 하나를 선택할 수 있습니다. 스타터 팩 상자 같은 한정판 아이템이 있으며, 상점에서 로벅스를 사용하면 다양한 업그레이드를 하거나 아이템을 구매할 수 있습니다. 참고로, Alone: Battle Royale에는 상점에서 시간대별로 구매할 수 있는 아이템도 있답니다.

개발자: Clockwork Entertainment

최고의 게임 평점: **72%** (2021년 7월 기준)

방문: 3340만 명 이상(2021년 7월 기준)
개발 완료: 2019년 2월 15일
장르: 배틀 로열(모험)

- 로블록스 꿀팁 -

최대 100명(2021년 7월 기준)의 플레이어들이 동시에 맵에서 플레이할 수 있습니다!

어디로 착륙할까?

플레이어는 맵으로 스카이다이빙을 하기 위해 비행기로 텔레포트됩니다. 무기 없이 비행기에서 떨어지기 때문에 다른 플레이어가 어디로 향하는지 잘 살펴보며 선제공격용 무기와 탄약을 찾아야 합니다. 무기를 빼앗아서 숨을 수 있는 장소로는 농장, 병원, 공장, 예배당 그리고 부두 등이 있습니다. 무기를 비축한 후 정확하게 조준하여 공격해야 합니다. 사방에서 폭풍우가 몰아닥치면 강제로 플레이어끼리 마주보는 일이 생길 수도 있기 때문에 맵 가장자리에만 머물 수는 없을 겁니다.

플레이어는 1인칭이나 3인칭 모드로 플레이할 수 있으며, 현재 배틀 로열에서 살아남은 플레이어 및 킬 수치뿐만 아니라 제한된 시간이 얼마나 줄어들고 있는지도 신경을 써야 합니다. 치료 키트와 붕대를 사용하여 치료하고, 팀으로 플레이하고 있다면 작전을 정확하게 진행할 수 있도록 연락을 계속 주고받으며 스쿼드 승리를 이끌어 내야 합니다.

보호 장비와 체력을 유지한 상태로 마지막 남은 2명 안에 들었다면 최후의 수단으로 멀리서 저격을 하거나 수류탄을 던져 보세요. 성공한다면, 로열 챔피언이 될 수 있답니다.

배틀 로열

41 ISLAND ROYALE

Island Royale의 스탯을 보면 매우 인상적입니다. 포트나이트의 성공으로 불과 2년 만에 배틀 로열 모드가 폭발적으로 증가하면서, 이 로블록스 게임은 방문자 수 3억 명이 넘고 120만 건의 좋아요를 기록했습니다. 이 게임은 비디오 게임인 포트나이트가 발전한 버전으로 Alone: Battle Royale과 달리 벽과 타워 등과 같은 방어 시설을 건설하고 제작하는 기능이 포함되어 있습니다.

한 서버에 플레이어가 최대 125명(2021년 6월 기준)까지 참여할 수 있기 때문에 이 섬은 플레이어들로 굉장히 붐빈답니다. 로비에서 솔로, 듀오, 스쿼드 모드 중에서 하나를 선택할 수 있을 뿐만 아니라 플러드, 존 워, TDM(팀 데스 매치), FFA(개인전) 등의 특수 모드도 선택할 수 있습니다. 참고로, 아레나 모드는 특정 랭크에 도달한 플레이어만 입장할 수 있답니다.

개발자: LordJurrd

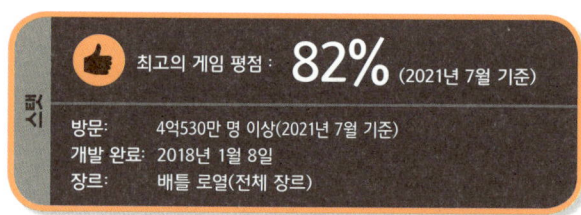

최고의 게임 평점: **82%** (2021년 7월 기준)

방문: 4억530만 명 이상(2021년 7월 기준)
개발 완료: 2018년 1월 8일
장르: 배틀 로열(전체 장르)

로비에는 멋진 글라이더, 도구, 복장, 모자, 이모티콘, 승리 및 죽음 효과 등의 아이템을 구매할 수 있는 상점이 있습니다.

- 로블록스 꿀팁 -
탈락하면 여러분을 탈락시킨 사람을 구경하며 배틀 로열 팁을 얻을 수 있습니다.

여러분도 최후의 1인이 될 수 있어요!

전술적으로
생각하세요.

섬으로 이동하면 버스에서 내려 최후의 1인이나 팀이 될 수 있도록 퀘스트를 시작해야 합니다. Alone: Battle Royale과는 달리 Island Royale에서는 권총, 자동 소총, 그리고 산탄총 등과 같은 멋진 장비들이 슬롯에 장비되어 있기 때문에 파이터가 떨어뜨린 무기를 주울 필요가 없답니다. 참고로, 새로운 무기들과 아이템들은 맵 주변에서 모으거나 탈락한 플레이어로부터 얻을 수 있습니다.

여러분의 캐릭터는 목재, 벽돌 그리고 금속 등의 재료를 가지고 스폰됩니다. 실력이 좋은 플레이어는 높은 지형을 지나가는 적을 저격할 수 있는 최고의 포인트를 제공하는 요새와 경사로를 만드는 방법을 빠르게 배웁니다.

보호 장비와 체력은 생존의 핵심입니다. 단 한 번의 공격으로 탈락할 수 있기 때문에 탁 트인 지역을 지나가기 전에 신중하게 생각해야 합니다. 아니면 게임 종료 리더보드에 게임 킬 수치와 함께 여러분의 이름이 표시될 수 있습니다.

배틀 로열

DEADLOCKED BATTLE ROYALE

개발자: Mega Drive

Deadlocked Battle Royale은 최대 50명까지 플레이할 수 있으며, 이 게임의 플레이어들 모두 한 가지만 간절히 바랍니다. 바로 최후의 1인이 되는 것입니다. 이 게임은 배틀 로열 초보자도 쉽게 플레이할 수 있는 게임으로 조작과 설명이 간단할 뿐만 아니라 다양한 기능을 갖춘 재미있는 UI도 즐길 수 있습니다. 이제, 섬으로 가서 승리를 쟁취할 시간입니다!

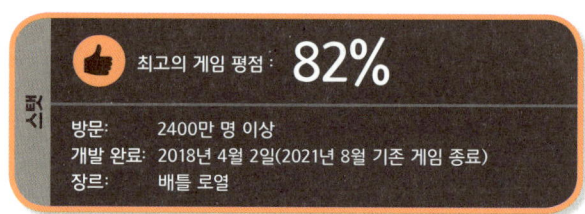

최고의 게임 평점: 82%
방문: 2400만 명 이상
개발 완료: 2018년 4월 2일(2021년 8월 기존 게임 종료)
장르: 배틀 로열

이 게임에서는 두 가지 옵션을 추가한 스쿼드, 듀오, 솔로 등 모두 다섯 가지 모드 중 하나를 선택할 수 있습니다. 두 가지 옵션은 거대한 두 팀이 서로 싸우는 혼돈 지역인 25 대 25 배틀 로열과 플레이그라운드 모드입니다. 플레이그라운드는 무기를 제작하고 장비하는 방법을 익히고 60분 동안 배틀 로열 기술을 갈고 닦을 수 있는 곳입니다. 여기에서도 초소를 습격하여 강력한 총으로 인벤토리를 채울 수 있습니다. 물론 실제로 공격을 받을 위험은 없답니다. 손가락으로 6개의 슬롯들을 번갈아 누르는 방법과 기능에 익숙해질 때까지 계속 연습하세요.

건설 재료는 강화 목재 및 석재라고 부르며, 일반 게임 모드에서는 도구를 사용하여 나무와 물건에서 이 재료를 얻을 수 있습니다. 붕대와 의료용 키트는 전투에서 매우 중요하지요. 공격을 당하면 몸을 숨겨 치료할 수 있는 장소를 찾아야 합니다. 날씨도 Deadlocked Battle Royale 게임에서 중요한 역할을 합니다. 번개가 쏟아지면 반드시 피해야 합니다.

날 내려 줘!

BATTLE ROYALE SIMULATOR

개발자: XSpectz

Battle Royale Simulator에는 배틀 로열 장르를 대표하는 볼거리가 많습니다. 게임 타이틀에 '시뮬레이터'라는 단어가 들어가 있지만, 이 모험은 다른 게임과 비교했을 때 완성도가 매우 높으며 다른 게임에는 없는 반전도 있습니다. 이 게임을 한번 경험해 보세요!

Battle Royale Simulator는 빠르고 쉽게 시작할 수 있습니다. 언제든지 게임에 참여할 수 있기 때문에 팀원이 모두 합류할 때까지 로비에서 기다릴 필요가 없습니다. 하지만 버스를 타고 섬에 내릴 때 지상에서는 이미 전투가 벌어지고 있을지도 모릅니다. 주위를 날아다니는 예광탄 불꽃을 잘 살피며 전투가 어디에서 일어나고 있는지 확인해 보세요! 다른 플레이어들이 여러분이 지상에 도착하기 전에 공격할 수 있기 때문에 늘 대응할 준비를 하세요. 필요하다면 경로를 완전히 변경해야 합니다.

게임을 계속 진행함에 따라 기습은 줄어들지 않겠지만 깊은 인상을 남기고 싶다면 전체 리더보드 순위와 KDR 수치를 높일 수 있도록 가능한 킬을 많이 하는 것이 좋답니다. 적을 탈락시킬 때마다 벅스를 얻을 수 있으며, 이 돈으로 상점에서 성능이 좋은 아이템을 구매하거나 업그레이드할 수 있습니다.

주변에 있는 바운스 패드를 이용하여 공중으로 점프하면 위험에서 벗어날 수 있으며, 글라이더를 이용하여 땅으로 내려올 수 있습니다. 골프 카트도 타고 갈 수 있답니다. 이런 카트를 이용하는 것도 위험에서 벗어날 수 있는 훌륭한 전술입니다. 상자에서 로켓 런처와 스나이퍼 소총 등과 같은 더 좋은 무기를 얻을 수 있습니다. 붕대를 사용하여 치료한 후 다음 전투에 대비하세요!

최고의 게임 평점: 83% (2021년 7월 기준)

방문: 5030만 명 이상(2021년 7월 기준)
개발 완료: 2019년 3월 8일(2021년 8월 기존 게임 종료)
장르: 배틀 로열(SF)

- 로블록스 꿀팁 -

Battle Royale Simulator에서는 라마를 사용할 수 있습니다. 라마 속에는 유용한 아이템들이 숨겨져 있어요.

드라이빙

로블록스 드라이빙 장르 게임을 하나 고른 다음 운전대를 잡고 전속력으로 달려 보세요! 레이싱에 참가하여 승리하는 것을 바탕으로 진행하는 게임이 있는 반면, 운전하면서 주행 거리와 포인트를 올리는 데 중점을 둔 게임도 있답니다. 평범한 세단부터 해치백, 스포츠카, 트럭에 이르기까지 다양한 자동차들을 모으고, 직접 제작하거나 업그레이드를 할 수도 있습니다. 신호가 파란색으로 바뀌면 모험을 준비하세요!

38 탈것 시뮬레이터

드라이빙

탈것 시뮬레이터는 멋진 레이싱, 드라이빙 그리고 RPG 장르적 요소가 담긴 게임으로, 로블록스 팬들이 즐길 만한 요소가 다 들어 있습니다. 열정적인 자동차 전문가가 아니더라도 탈것 시뮬레이터에서는 오랜 시간 동안 즐길 수 있는 액션을 제공하며 4륜 자동차가 여러분의 취향이 아니라면 비행기와 보트 등을 탈 수도 있답니다.

이 레이싱 시뮬레이터에는 매우 세련된 요소가 있습니다. 휴대폰 화면에서 정보를 확인하고 좋아하는 차량을 검색할 수 있어요. 게임을 시작할 때 견인 트럭 운전사, 경찰, 시민, SWAT 경찰, 버스 운전사, 죄수 등 다양한 직업 중에서 하나를 선택할 수 있습니다. 참고로, 초보자가 플레이하기 쉬운 직업은 시민이며, 게임 초기에는 잠겨 있는 직업들도 있어요.

개발자: Simbuilder

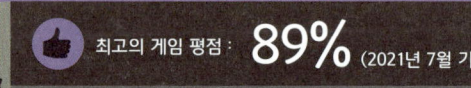

최고의 게임 평점: **89%** (2021년 7월 기준)

방문: 6억 2420만 명 이상 (2021년 7월 기준)
개발 완료: 2014년 8월 8일
장르: 드라이빙 (마을 및 도시 장르)

- 로블록스 꿀팁 -

2020년 3월 업데이트로, 모바일과 태블릿에서 로블록스 플랫폼을 이용하는 유저들도 탈것 시뮬레이터를 플레이할 수 있게 되었을 뿐만 아니라, 게임에서 4만 달러도 획득할 수 있게 되었습니다.

부릉! 부릉!

자동차 상점에 가면 스포츠, 컴포트, 스페셜, 트럭 등 등급에 따라 구매할 수 있는 차량을 확인할 수 있습니다. 차량의 최고 속도, 가속력, 제동 그리고 핸들링 등을 확인할 수 있기 때문에 구매하는 데 도움이 될 것입니다.

도시 곳곳을 질주하는 레이싱을 통해 퀘스트와 미션을 완료하면 돈을 벌 수 있습니다. 이렇게 모은 돈으로 차량을 튜닝하고 업그레이드할 수 있습니다. 참고로, 거리에서 전속력으로 달리면 돈이 엄청난 속도로 모인답니다! 스턴트를 하거나 드래그 레이스에서 우승하고, 트랙 랩을 도는 것 역시 돈을 모을 수 있습니다. 배지도 수집할 수 있습니다. 레이스에서 50번 우승하면 트랙 마스터 배지를 받을 수 있으며 글로브트로터 배지와 로드 워리어 배지도 얻을 수 있습니다.

탈것 시뮬레이터 게임은 장난감 제조업체 핫휠과 제휴하여 정기적으로 공식 레이스 이벤트를 개최하고 있습니다. 이 이벤트에서는 굉장히 긴 주황색 트랙과 루프를 이용하여 공중으로 날 수도 있답니다.

3D 맵은 굉장히 복잡한 지형을 지나갈 때 운전자에게 유용한 위성 내비게이션입니다. 녹화 기능을 사용하면 운전대를 잡고 있는 여러분을 영화 모드로 캡처할 수 있어요. 고속 주행이 가능한 차량을 구입하기 전에 시승해 볼 수도 있습니다. 여러분이 우승을 목표로 하고 있다면 부가티 시론에 탑승해 보세요!

다리를 뛰어넘어!

| 드라이빙

 CAR CRUSHERS 2

페달을 밟아 전속력으로 질주하는 이 재미있는 드라이빙 게임에 들어오세요! Car Crushers 2는 로블록스 역사상 가장 성공적인 레이싱 게임 중 하나로, 운전대에서 손을 뗄 수 없을 정도로 긴장감 넘치는 액션이 가득합니다. 당장 시동을 걸고 속도감 있는 운전과 아레나 전투가 혼합된 광란을 경험하세요.

개발자: Car crushers official group

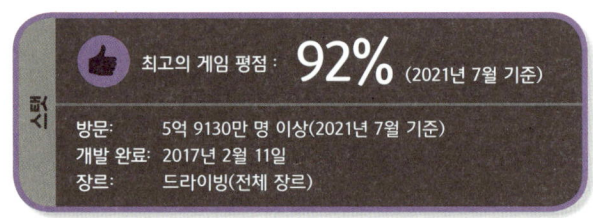

최고의 게임 평점 : **92%** (2021년 7월 기준)

방문: 5억 9130만 명 이상(2021년 7월 기준)
개발 완료: 2017년 2월 11일
장르: 드라이빙(전체 장르)

차를 좋아하는 팬들을 위한 게임인 Car Crushers 2 게임을 처음 시작하면, 여러 종류의 자동차를 살펴보고 원하는 차량을 선택하는 데 상당한 시간을 들이게 됩니다. 돈을 모으면 자동차 상점에 들러 가능한 차량을 살펴보세요. 차량이 자동차 상점에 처음 스폰되면 출력이 낮고 시속 약 110킬로미터에서 시속 약 170킬로미터까지 속력을 낼 수 있는 무료 차량만 이용할 수 있으며, 돈을 모아서 더 빠른 차량을 구매할 수 있습니다. Car Crushers 2에는 실용적인 토요타 프리우스부터 강력한 람보르기니에 이르기까지 실제 차량을 본 따 만든 훌륭한 복제품들이 많습니다.

이 게임에서는 자동차를 'crusher'라고 부르는데, 고가 차량을 모으는 것보다 도로에서 차량을 부셔서 돈과 토큰을 버는 것이 더 중요합니다.

빵! 빵!

레벨이 올라가면 새로운 Crusher가 잠금 해제됩니다. 차량이 뒤집히면 메뉴에서 Flip Vehicle 버튼을 사용하면 차체를 바로할 수 있습니다. 메인 맵은 Facility라고 불리며, 여러분의 계획을 완전히 망칠 수 있는 용암 폭발과 같은 거대한 사건이 발생할 수도 있으니 조심하세요. 탈출하려면 카운트다운이 끝나기 전에 구조 헬리콥터로 향해야 합니다.

돈만 있으면 자동차 상점에서 자동차를 커스터마이징할 수 있으며 커스터마이징한 후에는 반드시 더비 아레나를 방문해야 합니다. 로비 텔레포터를 통해 더비 아레나에 입장할 수 있으며 환호하는 자동차 팬들 앞에서 다른 사람들의 자동차를 파괴하는 경기에 참가하면 돈을 더 많이 벌 수 있어요.

드라이빙

36 FULL THROTTLE

레이싱 슈트를 입고 헬멧을 들고는 차고로 가 이 놀라운 드라이빙 게임을 즐겨 보세요. Horizon Entertainment 팀이 개발하고 2018년까지 Horizon이라고 불렸던 Full Throttle은 자동차 디테일을 잘 살린 로블록스 드라이빙 장르의 대표적인 게임입니다.

도시에 스폰된 운전자는 자동차 상점이나 전시장에 들어갈 수 있습니다. 전시장으로 가서 Full Throttle 에서 제공하는 엄청나게 방대한 자동차 컬렉션을 확인해 보세요.

대부분의 다른 자동차 게임과는 달리, 최고 속도와 가속력 등 일반적인 세부 사항부터 중량, 엔진 크기, 토크 레벨 그리고 출력 등에 이르기까지 다양한 정보와 스탯을 확인할 수 있습니다. 참고로, 돈과 XP는 운전대에서 보내는 시간에 비례하여 모을 수 있습니다.

개발자: Horizon Entertainment

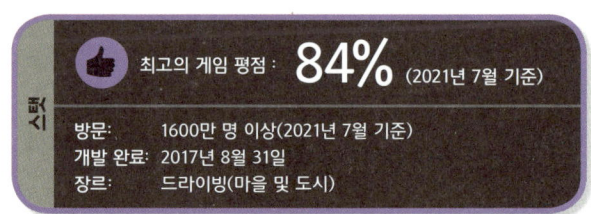

최고의 게임 평점: **84%** (2021년 7월 기준)

방문: 1600만 명 이상(2021년 7월 기준)
개발 완료: 2017년 8월 31일
장르: 드라이빙(마을 및 도시)

리더보드를 살펴보면 실력이 월등한 드라이버가 벌어들인 돈이 수백만 킬로미터에 달한다는 사실을 알 수 있답니다.

운전 경험을 늘릴 수 있도록 기어를 자동 변속에서 수동 변속으로 변경하고, 배기구에서 연기를 뿜는 옵션으로 설정하며, 자동차에 재미있는 별명을 붙이는 등 디테일하게 설정해 보세요. 분명 이 게임의 재미를 만끽할 겁니다.

맵에는 경사로와 회전 교차로가 표시되며 코너에서 멋진 드리프트를 성공하면 XP를 추가로 얻을 수 있습니다. 운전대를 제어하고 자동차의 외형을 꾸밀 수도 있지요! 골드나, 브론즈 혹은 다이아몬드 상자가 생성되었다는 알림을 잘 살펴보세요. 보석을 처음으로 찾은 드라이버는 보상을 받아서 상점에서 사용할 수 있답니다.

Full Throttle에서의 커스터마이징은 굉장히 재미있습니다. 위장이나 탄소 섬유 랩핑부터 황홀한 튜닝, 스포티한 스포일러, 새로운 림, 더 큰 엔진 그리고 빛 반사 페인트 작업에 이르기까지 자동차 상점에서는 다양한 목록을 업그레이드할 수 있습니다. 이 게임에서는 첫 번째 자동차 구매와 같은 간단한 토큰부터 백만 코인을 벌거나 게임 소유주를 만나는 일 등 여러 업적을 달성하면 다양한 배지를 얻을 수 있습니다.

드라이빙

35 궁극의 드라이빙: 웨스트오버 아일랜드

개발자: TwentyTwoPilots

플레이어가 최대 30명(2021년 7월 기준) 까지 참여할 수 있는 서버에서 다른 자동차 팬들과 함께 거대한 4륜 모험을 즐겨 보세요. 6만 명이 넘는 로블록스 팔로워를 보유한 TwentyTwoPilots 그룹은 전설적인 자동차 게임 개발자들이며, 1억 8750만 명이 방문한 궁극의 드라이빙: 웨스트오버 아일랜드는 최고의 명소입니다. 이 게임에서는 친구들과 함께 방대한 맵에서 경주하고 탐험할 수 있으며, 100대가 넘는 자동차들의 운전석에 앉아 시승해 볼 수 있습니다.

최고의 게임 평점:	**89%** (2021년 7월 기준)
방문:	1억 8750만 명 이상(2021년 7월 기준)
개발 완료:	2011년 6월 25일
장르:	드라이빙(마을 및 도시)

궁극의 드라이빙: 웨스트오버 아일랜드 버전 4 에서는 8개의 직업들 중 하나를 선택할 수 있습니다. 대부분의 플레이어는 처음에 켄징턴, 사우스 비치, 웨스트오버, 우드베리, 놈턱 등으로 여행을 갑니다. 드래그 및 서킷 레이싱 같은 빠른 퀘스트는 물론이고, 버스나 택시를 운전하여 집으로 우편물을 배달하는 느린 퀘스트도 할 수 있습니다.

직업에 맞는 미션, 레이싱 그리고 운전을 하면 XP 와 돈을 벌 수 있으며, 모은 돈으로 새로운 차량을 구매하거나 업그레이드할 수 있습니다. 고속 슈퍼카를 운전한다고 너무 긴장하지 마세요. 차량이 비쌀수록 운전에 따른 보상을 더 많이 얻을 수 있답니다!

자동차 상점과 차고는 여러분이 선택한 멋진 자동차를 구매하고 보관할 수 있는 장소입니다. 자동차에 공식적인 명칭은 없지만 자동차를 좋아하는 팬들이라면 페라리, 람보르기니, 포르쉐, 맥라렌 등 현실에 있는 차를 똑같이 복제한 자동차들이 있다는 사실을 금방 알아챌 수 있을 것입니다. 자동차를 커스터마이징 부스로 가져가면 도로에서 눈에 띌만한 독특한 외형을 추가할 수도 있어요.

- 로블록스 꿀팁 -

궁극의 드라이빙: 웨스트오버 아일랜드에서 가장 비싼 자동차는 5백만 크레딧이 넘는답니다!

새로운 딜러!
자동차 딜러점 타이쿤

개발자: Foxzie's Productions

이 게임은 타이쿤 장르를 약간 가미한 드라이빙 장르 게임입니다. 터무니없는 맵을 질주하며 자동차를 업그레이드하는 다른 게임과 달리, 이 게임의 플레이어는 자동차 상점을 열어 돈을 벌 수 있습니다.

최고의 게임 평점: 88% (2021년 7월 기준)

방문: 5억 690만 명 이상(2021년 7월 기준)
개발 완료: 2018년 3월 27일
장르: 드라이빙(전체 장르)

게임에서 부지를 확보하면 자동차 상점의 형태를 결정해야 합니다. 여러분의 땅에 자동차들이 주차를 하거나 운전하며 돌아다니면, 은행 잔고가 늘어납니다. 이렇게 모은 돈으로 자동차 판매 사업을 할 수 있습니다. 플랫폼, 벽, 간판, 가구, 보도 등의 아이템을 선택할 수 있으며, 자동차를 더 많이 구매할수록 더 많은 현금을 얻을 수 있답니다!

컬렉션에 차량을 계속 업데이트하는 것을 보면 개발자인 Foxzie는 자동차 열성 팬인 것이 분명합니다. 그리고 2020년 봄, BMW M8, 포르쉐 타이칸, 맥라렌 P1 등의 하이퍼카가 자동차 목록에 업데이트되었습니다.

최근 업데이트를 통해 추가한 무시무시한 닷지 램 트럭, 메르세데스 G63 왜건 같은 차량은 스피드광들이 좋아할 만하지만, 자동차 판매 사업에도 영향을 주었습니다. 맵도 변경될 가능성이 높으며 전시장에서 판매한 금액에 따라 얻을 수 있는 배지도 늘어났습니다.

여러분이 선택한 차량을 구매하기 전에 최고 속도, 토크, 핸들링 그리고 제동 등과 관련된 데이터를 확인하세요. 자동차 딜러점 타이쿤의 거리는 조용하지만, 고성능 차량과 충돌할 수 있는 위험은 여전히 존재합니다.

타이쿤 게임

타이쿤 장르가 따로 있는 것은 아니지만, 건설 장르, 마을 및 도시 장르, RPG 장르들이 한데 뒤섞여 수익을 창출하고 사업 확장하는 게임을 타이쿤 게임이라고 할 수 있습니다. 돈을 벌고, 목표를 달성하며, 회사나 공장을 성공적으로 세우는 것을 좋아한다면 타이쿤만의 독특한 미션과 디테일을 즐길 수 있을 것입니다. 타이쿤 장르에서 최고의 게임을 경험해 보세요!

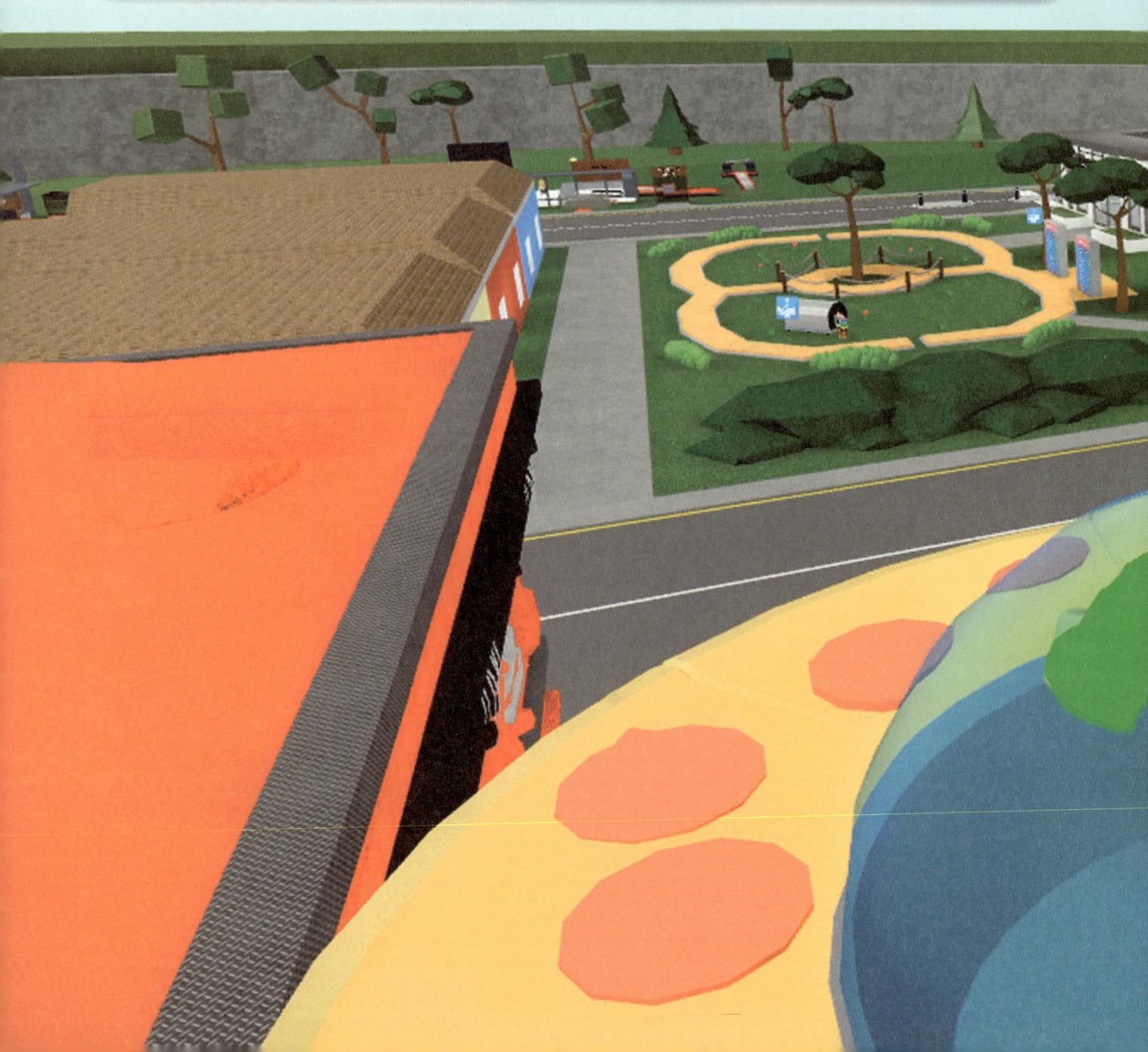

타이쿤 게임

33 SUPER HERO TYCOON

Super Hero Tycoon은 탈옥수와 경찰, MeepCity 같은 대작과 함께 방문자 수 10억 명 클럽에 가입한 로블록스 게임 중 하나입니다. 이 게임은 창의력을 바탕으로 사업을 구축하며 몇 시간씩 즐길 수 있습니다. 이 최고의 게임을 즐기기 위해 반드시 슈퍼 히어로의 열혈 팬이 될 필요는 없습니다. 하지만 여러 능력을 가진 영웅 역할을 하고 싶었다면 게임을 즐겁게 할 수 있을 거예요.

개발자: Super Heroes

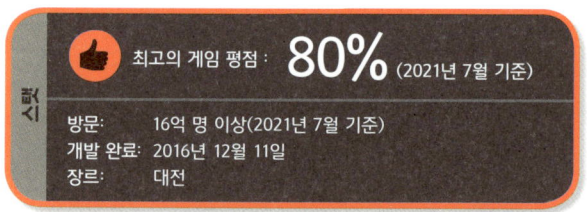

- 최고의 게임 평점 : **80%** (2021년 7월 기준)
- 방문: 16억 명 이상(2021년 7월 기준)
- 개발 완료: 2016년 12월 11일
- 장르: 대전

게임을 처음 시작하면 맵 중앙에 스폰됩니다. 영웅 10명의 기지가 있는데, 플래시, 헐크, 블랙 팬서, 배트맨, 아이언맨, 슈퍼맨, 앤트맨, 토르, 그린 랜턴, 스파이더맨 중 한 명의 지상 기지를 차지해야 합니다. 지상 기지를 차지하려면 타이쿤의 문으로 들어가야 합니다. 그러면 해당 시설은 여러분 것이 됩니다!

- 로블록스 꿀팁 -
하늘에서 떨어지는 현금 상자로 돌진하세요. 많은 돈을 얻을 수 있습니다.

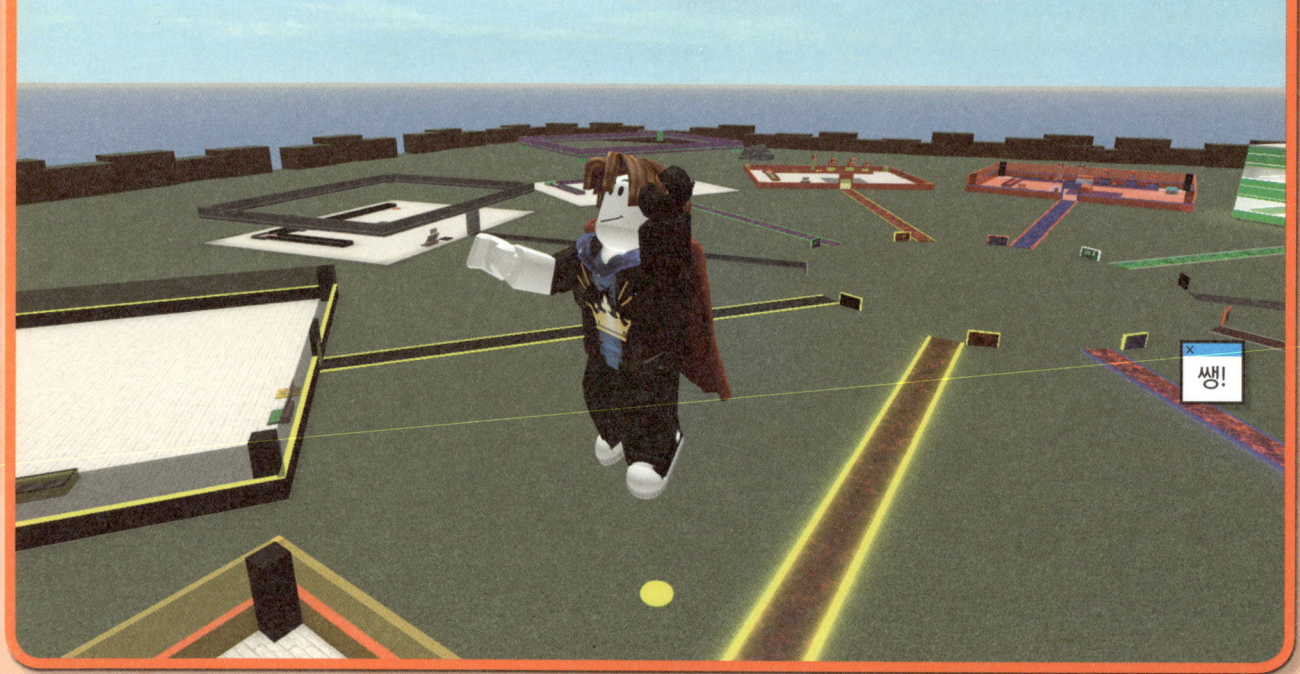

이제 기지를 감상하고 주위를 둘러보며 건물을 업그레이드할 수 있도록 돈을 벌어야 합니다. 돈을 모으려면 컬러 아이콘으로 이동하여 드롭퍼를 구매해야 합니다. 드롭퍼를 구매하면 상자가 컨베이어 벨트에 떨어지는 것을 볼 수 있으며, 마술처럼 벌어들인 현금은 기지 내부에 있는 등록기에 표시됩니다. 돈을 받으려면 등록기 옆에 서 있기만 하면 되는 거예요.

타이쿤 은행 잔고가 많아지면 건물을 어떻게 할지 결정해야 합니다. 다른 영웅으로부터 기지를 보호하기 위해 벽을 추가할 수 있으며, 입구에 보안 시스템을 배치하는 것도 좋답니다. 벽을 계속 쌓으면서, 바닥, 계단, 그리고 조명 등 다른 옵션을 추가해 보세요. 현금 흐름을 유지하려면 생산 라인에 드로퍼와 메가 드로퍼를 더 많이 추가해야 합니다. 비용이 더 많이 들겠지만 장기적으로는 그만한 가치가 있답니다.

기지 밖에서 다른 슈퍼 히어로들이 여러분을 공격하려고 노리고 있습니다. 따라서 무기를 무작위로 받을 수 있는 장비 상자를 노리고 사격과 전투 기술을 연마하여 스스로를 지켜야 합니다. 참고로, 로벅스를 이용하여 건물 외부에 포탑과 벙커를 설치하면 훨씬 더 위협적으로 보일 수 있답니다.

필요한 것을 가져가세요!

레스토랑 타이쿤 2

레스토랑 전문 사업가가 되어 새로운 메뉴와 요리를 만들고 음식을 서빙하며 돈을 벌어 보세요! 패스트푸드로 돈을 빠르게 벌 수 있을까요? 고객에게 맛있는 식사로 행복하게 만드는 역할극 미션과 건설 사이에서 균형을 이룰 수 있을까요? 돈 버는 것에 재미를 느끼는 사람이라면 레스토랑 타이쿤 2 게임이 딱 맞습니다! 2017년에 출시된 오리지널 레스토랑 타이쿤은 방문자 수 4억 4천만 명을 기록하며 오랜 시간에 걸쳐 인기를 얻었어요. 지금은 동시 접속자 수 2만 명을 기록할 정도로 더 많은 로블록시안들이 레스토랑 타이쿤 2 서버를 방문하고 있답니다.

레스토랑 타이쿤 2 게임 스케일은 아주 큽니다. 레벨 1에서는 5개 템플릿들을 이용하여 새로운

개발자: Ultraw

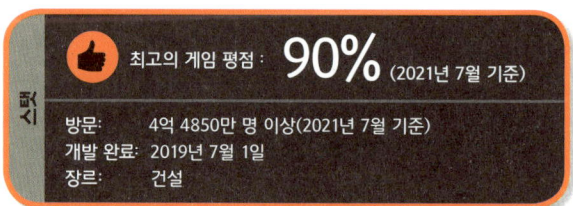

최고의 게임 평점: **90%** (2021년 7월 기준)

방문: 4억 4850만 명 이상(2021년 7월 기준)
개발 완료: 2019년 7월 1일
장르: 건설

레스토랑을 만든 다음 판매할 요리 스타일을 결정할 수 있습니다. 전 세계 어느 나라의 요리든 가능합니다. 가이드에서 각 나라의 요리와 문화를 확인한다면 누구든 군침을 삼킬 수밖에 없을 거예요.

> **- 로블록스 꿀팁 -**
> 현금 흐름을 개선하고 싶다면 레스토랑을 비우거나 닫아서 재정비하세요.

미국식 핫도그로 할까요, 아니면 영국식 피쉬앤칩스로 할까요? 레스토랑 매니저를 선택하면 NPC 목록에서 요리사, 웨이터, 운영자를 고용하는 옵션이 있습니다. 예를 들어, 수습 요리사가 셰프 자격을 갖추려면 요리하는 모습을 5번 지켜봐야 합니다.

레스토랑 타이쿤 2에서 돈을 모아 성공하기 위해서는 여러분이 만든 레스토랑에 고객들이 오게 해서 음식을 서빙해야 합니다. 그리고 업그레이드 옵션을 사용하는 것은 매우 현명합니다. 업그레이드를 하면, 맵에 레스토랑을 광고할 수 있으며 식당에서 카드 결제를 할 수 있어서 작업 속도가 빨라지며 2층이 추가되어 수익을 올릴 수 있답니다. EKEA와 건설 매장을 방문하면 사업을 확장하는 데 도움이 됩니다. 비용 면에서 가장 효율적인 장비를 신중하게 선택해야 합니다. 유명 브랜드의 화려한 테이블을 구매하려고 많은 비용을 지출할 필요는 없어요.

레벨을 올리면 맵 주변을 돌아다니고 다른 장소를 방문할 수 있는 자동차를 이용할 수 있습니다. 요리사와 웨이터가 항상 행복해야 한다는 사실을 잊지 마세요. 이들의 행복도가 떨어지고 과로를 하게 되면 레벨 업을 빨리 할 수 없습니다. 참고로, 팁 넣는 통을 준비하면 돈을 더 많이 모을 수 있어요.

- 로블록스 꿀팁 -

해피 아워 시간에 고객에게 신속하게 서비스를 제공하면 하루가 끝나기 전에 현금 보너스를 얻을 수 있습니다.

타이쿤 게임

 31 놀이공원 타이쿤 2

로블록스 팬들은 놀이공원을 무척 좋아합니다. 놀이공원 타이쿤 2에서는 기본적인 컵 모양의 놀이 기구부터 격렬한 롤러코스터에 이르기까지 다양한 놀이 기구들과 명소들로 이루어진 놀이공원을 건설할 수 있습니다. 그러나 공원을 제대로 운영하려면 비즈니스 측면에서 놀이 기구 수를 정확히 파악해야 합니다. 그리고 유료 고객들이 놀이공원에 계속 놀러 올 수 있도록 놀이 기구를 지을 돈이 필요합니다.

개발자: Den_S

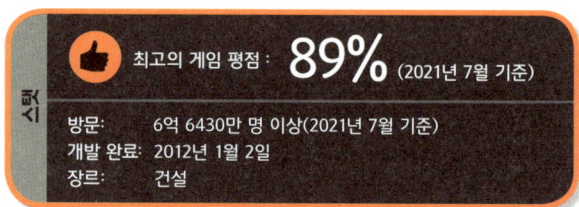

최고의 게임 평점: **89%** (2021년 7월 기준)
방문: 6억 6430만 명 이상(2021년 7월 기준)
개발 완료: 2012년 1월 2일
장르: 건설

계획을 세우고 건설을 시작해야 합니다. 처음에는 기계적인 부분과 기능이 복잡해 보일 수 있으므로 튜토리얼 버튼을 이용하여 시작해 보세요. 건설은 블록 단위로 이루어지며, 돈이 있는 한 놀이 기구와 길을 배치할 수 있습니다.

고객들이 방문할 수 있도록 작은 놀이 기구부터 만들어 보세요. 참고로, 놀이 기구에는 입구와 출구가 필요하며 코인을 벌려면 개장했다고 이야기해야 합니다! 피커 도구를 사용하면 놀이공원에 먼저 만들어 놓은 시설을 반복해서 만들 수 있어서 돈을 더 빨리 벌 수 있답니다.

놀이 기구를 구매할 때에는 작게 투자하여 이익을 최대한으로 얻을 수 있도록 신중하게 선택해야 합니다. 놀이 기구에 대한 통계를 클릭하여 놀이 기구가 어떻게 운영되고 있는지 확인하고 방문자가 남긴 감상을 읽어 보세요. 이렇게 하면 놀이 기구를 개선하는 데 도움이 된답니다. 그리고 다른 놀이 공원을 방문하여 팁을 얻고 건설 방법과 운영 방식을 살펴보세요. 참고로, 맵 주변에 있는 도로를 이용하면 빠르게 걸어서 이동할 수 있습니다!

어떤 놀이 기구부터 만들어 볼까?

놀이공원 타이쿤에서는 디테일이 살아 있는 멋진 건물들을 지을 수 있기 때문에 오랫동안 즐거운 시간을 보낼 수 있습니다. 다양한 물건을 판매하여 돈을 벌 수 있도록 매장을 추가하세요.

가격을 조정하는 일은 굉장히 까다로운 작업입니다. 관광 명소의 가격을 높일 수는 있지만 고객이 외면하면 장기적으로 손해를 입을 수 있습니다.

탑승 시간도 잘 맞춰야 합니다. 방문자는 가성비가 좋고 만족감을 줄 수 있는 놀이 기구를 원하지만 탑승 시간이 너무 길면 수익이 줄 수 있습니다. 놀이공원 타이쿤 2는 놀이공원 사업에서 최고가 되기 위해 오랫동안 플레이할 수밖에 없는 게임입니다.

빙글빙글

타이쿤 게임

30 피자 팩토리 타이쿤

개발자: Ultraw

치즈를 추가할까요, 매운 소스를 얹을까요? 이 흥미진진한 타이쿤 게임에서 피자에 어떤 토핑을 하면 좋을까요? 엄청난 인기를 자랑하는 이 타이쿤 롤플레잉 게임을 하면, 시작한 지 불과 몇 분 만에 맛있는 간식을 먹고 싶어 입에 군침이 돌 겁니다.

플레이어는 초보 요리사로 시작하지만 완벽한 피자 가게를 만들려고 시간을 낭비하지 마세요. 먼저 맛있는 베이스가 만들어지면 곧바로 포장할 수 있는 생산 라인을 가동해야 합니다. 신선한 음식을 클릭하면 50벅스를 벌 수 있지만 장비를 개발하면 피자당 100벅스 이상 받을 수 있습니다. 괜찮은 가격이죠!

이제 건설을 시작할 수 있습니다. 돈이 있다면 빨간색 버튼을 누른 다음 벽, 창문, 카운터, 메뉴, 그리고 좌석 등을 구매하기만 하면 됩니다. 참고로, '피자 클리커'라는 요리사를 고용하세요. 여러분이 피자 가게에 없을 때에도 돈을 벌 수 있답니다!

스탯
- 최고의 게임 평점 : **88%** (2021년 7월 기준)
- 방문: 5억 1190만 명 이상 (2021년 7월 기준)
- 개발 완료: 2016년 8월 2일
- 장르: 건설

초보 요리사 스탯이 향상되면 곧 고객이 가게에 방문할 것입니다. 최고의 제빵사가 되면 재료를 구매하여 새로운 피자를 개발할 수 있습니다. 그리고 조금 더 있으면 피자 가게를 운영하게 된답니다! 그리고 5000벅스부터 시작하는 계산원을 고용하면 더 많은 돈을 벌 수 있습니다.

- 로블록스 꿀팁 -
피자 커팅 기계와 치즈 토핑 기계 등과 같은 유용한 피자 제조 장비를 가게에 마련할 수 있습니다.

- 로블록스 꿀팁 -
개발자 Ultraw는 레스토랑 타이쿤과 클론 타이쿤 게임도 개발했습니다.

지구 토핑 추가요!

피자 가게에서 일해요

개발자: Dued1

앞에서 소개한 게임과 동일한 음식을 주제로 한 유명한 게임인 피자 가게에서 일해요는 마을 및 도시 장르부터 시뮬레이터 및 타이쿤 장르에 이르기까지 여러 장르가 혼합되어 있습니다. 이 게임은 자잘한 액션들로 가득 차 있으며 비즈니스 측면에서 볼 때 플레이어는 업무에 대한 보상을 받아 집도 지을 수 있습니다. 피자를 만들고 배달하는 세계는 정말 흥미진진하답니다!

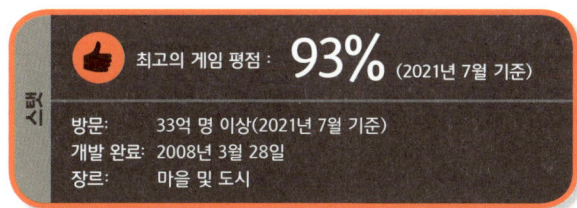

- 최고의 게임 평점: **93%** (2021년 7월 기준)
- 방문: 33억 명 이상(2021년 7월 기준)
- 개발 완료: 2008년 3월 28일
- 장르: 마을 및 도시

계산원, 요리사, 피자 포장원, 배달원 그리고 공급원 중에서 직업을 하나 선택하세요. 레스토랑 프런트에서 일하기로 선택한다면 여러분은 고객의 주문을 받아야 합니다. 이 업무는 간단하며 주문을 완료할 때마다 돈을 벌 수 있습니다. 퀘스트를 완료하면 급여와 일일 보상도 받을 수 있습니다. 사업을 확대하고 싶다면 레스토랑 측면에 있는 고급 버튼을 눌러 레스토랑 방문자들이 남긴 까다로운 주문과 코멘트를 확인해 보세요.

사업이 잘 안 풀린다면 직원들이 행복하지 않을 거예요.

피자 포장원으로 역할로 바꾸면 주문을 올바르게 넣고 팀이 레스토랑을 잘 운영할 수 있도록 도와주는 대가로 머니즈를 벌 수 있습니다. 요리사가 되면 여러분이 굽는 피자만큼 맛있게 은행 잔고를 유지할 수 있답니다. 여러분은 사장도 될 수 있으며, 매니저 역할을 맡아 자유롭게 행동할 수 있습니다. 사무실로 가서 자리에 앉아 있으면 되지만 직원들이 여러분에게 등을 돌리지 않도록 직원들을 잘 돌봐야 합니다.

시뮬레이터 게임

시뮬레이터 게임

미션을 수행하고 적과 맞서는 롤플레잉 게임을 좋아하나요? 시뮬레이터 게임은 이런 내용뿐만 아니라 더 다양한 내용들이 혼합된 장르입니다. 로블록스 게임 페이지에는 수백 개의 시뮬레이터 게임들이 있습니다. 위험과 위기를 감수하며 도전하고 최고가 되기 위해 경쟁하는 것을 좋아한다면 이제부터 소개할 시뮬레이터 게임들을 경험해 보세요!

시뮬레이터 게임

파괴 시뮬레이터

출시된 지 불과 몇 달 만에 블록시 어워드를 수상한 게임이 있다면 그 게임을 꼭 확인해 봐야 합니다. 파괴 시뮬레이터는 벌떼 시뮬레이터, Mining Simulator 그리고 Super Power Training Simulator 등 다른 헤비급 시뮬레이터들을 제치고 2019년 블록시 어워드에서 최고의 브레이크아웃 게임(Favourite Breakout Game)상을 수상했습니다. 개발자 Silky_dev는 이 중독성 있는 시뮬레이터로 멋진 성과를 거뒀습니다!

모든 인기 있는 시뮬레이터 게임과 마찬가지로 파괴 시뮬레이터에도 진행에 따라 건설하고 확장하는 기본적인 틀이 있습니다. 게임을 처음 하는 플레이어는 파괴 구역에 있는 작은 로비에서 시작하며 레벨 1 영역에 접근할 수 있습니다.

개발자: Silky_dev

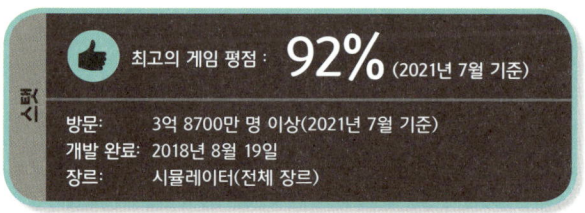

최고의 게임 평점 : **92%** (2021년 7월 기준)
방문: 3억 8700만 명 이상(2021년 7월 기준)
개발 완료: 2018년 8월 19일
장르: 시뮬레이터(전체 장르)

- 로블록스 꿀팁 -
걷지 않고도 더 높은 레벨로 빠르게 올라갈 수 있는 트랙이 있습니다.

우르르 쾅!

레벨 1 영역은 레이싱 경기장이며, 게임의 목표는 해당 지역을 폭파하고 보상으로 블록과 코인을 받는 것입니다. 굉장히 단순하지만 정말로 재밌어요! 레벨이 낮은 수류탄과 로켓 발사기 등과 같은 무기를 사용하여 이 지역을 파괴하면 아수라장이 됩니다. 목표를 정확하게 맞춰 어떤 물체를 파괴했을 때 블록과 돈을 더 많이 보상받을 수 있는지 알아보세요.

레벨 1 영역에는 빠르게 이동해 자동차들과 상점들을 폭파해서, 다른 플레이어들이 보상을 받기 전에 여러분이 먼저 보상을 받으세요. 여러분이 가지고 있는 배낭이 블록으로 가득 차면 판매하거나 업그레이드할 수 있습니다. 판매하면 코인으로 교환되며 이 코인은 상점에서 고급 로켓과 폭탄을 구입하는 데 사용할 수 있습니다. 로켓과 폭탄을 업그레이드하면 피해가 커지기 때문에 XP를 더 많이 모을 수 있답니다. 가능한 좋은 배낭을 계속 구입하는 것을 잊지 마세요. 로벅스가 충분하다면 더 많은 용량을 확보할 수 있는 캠핑 팩이나 여행 팩을 구매하세요. 그러면 파괴 구역에 더 오래 머무를 수 있답니다.

스파이 슈터와 화염 방사기 같은 로켓의 경우, 재장전 시간이 훨씬 짧아서 효율적으로 파괴할 수 있습니다. 그러니 코인을 모아 이 시뮬레이터에서 여러분을 눈에 띄는 스타로 만들어 줄 무기를 구매하세요. 레벨 5 이상으로 이동하면 파괴할 수 있는 건물과 시설이 훨씬 더 복잡하고 흥미로워진답니다.

> 최대한 많이 파괴하세요!

시뮬레이터 게임

27 MINING SIMULATOR

Mining Simulator는 출시하고 얼마 되지 않아 블록시 어워드 빌더맨 부문에서 상을 받았습니다. 굉장히 멋진 이 시뮬레이터는 출시되고 나서 2년 만에 방문자 수 6억 명을 기록하면서 새로운 역사를 썼습니다. 게이머들은 이 지하 속 모험이 아직도 질리지 않는답니다!

플레이어는 지하에서 광석이라고 불리는 다양한 재료 블록을 채굴하고 코인을 벌어 훨씬 더 효과적인 도구와 백팩으로 아바타를 업그레이드해야 합니다.

용량이 적은 배낭과 채굴 시간이 긴 기본 곡괭이에 지쳐 곧 트래블 팩(용량: 2000)과 실린더 팩(용량: 20만) 같은 스마트 키트에 눈을 돌리게 될 것입니다.

개발자: Rumble Studios

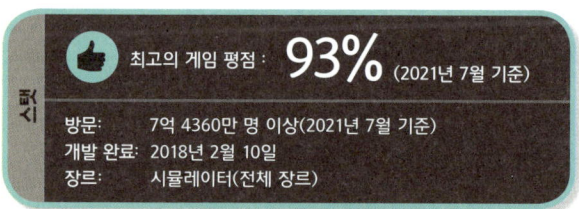

스탯
최고의 게임 평점 : **93%** (2021년 7월 기준)
방문: 7억 4360만 명 이상(2021년 7월 기준)
개발 완료: 2018년 2월 10일
장르: 시뮬레이터(전체 장르)

- 로블록스 꿀팁 -

콘솔과 PC에서 마인크래프트 게임을 즐기는 게이머는 보통 로블록스의 Mining Simulator 게임도 좋아합니다.

하지만 이런 멋진 아이템들을 구매하려면 최소 2만 5000코인이 필요하답니다. 환생 상점에서 판매하는 독성 팩은 2만 2500개의 토큰으로 구매할 수 있지만 저장 용량은 3500만이나 된답니다. 정말 멋지죠?

흙과 잔디 등과 같은 기본 광물을 채굴하여 팔 때 벌 수 있는 코인은 1에 불과합니다. 구리, 돌, 그리고 흑요석 등과 같은 광석을 목표로 삼으면 더 많은 코인을 얻을 수 있습니다. 백팩이 가득 차면, 지상으로 돌아가 광석을 판매하고 새로운 아이템을 구매하세요.

채굴 목표는 1000만 코인입니다. 이렇게 하면 환생한 후 광석 가치를 두 배로 늘릴 수 있습니다. 환생은 멋진 기능이지만 백팩, 도구 그리고 코인을 희생한다는 점을 명심하세요. 그리고 펫과 모자도 업그레이드하세요. 이런 아이템들은 채굴 속도와 효율성을 높일 뿐 아니라 능력과 광물 가치까지 높일 수 있답니다. 모자는 상자를 열거나 다른 플레이어들과 거래하여 얻을 수 있으며 착용하면 채굴 스킬이 향상됩니다. 참고로, 점프력을 증가시키는 모자도 있답니다.

신규 플레이어는 광산 입구에서 도움을 주는 친구인 광부 마이크를 만날 것입니다. 마이크는 유용한 퀘스트, 팁, 알림 등을 알려 주기 때문에 그의 지시에 따라 부스트를 선택하세요. 채굴은 외롭고 어두운 시뮬레이터 사업이 될 수 있으므로 가능한 많은 친구를 사귀는 것이 좋답니다.

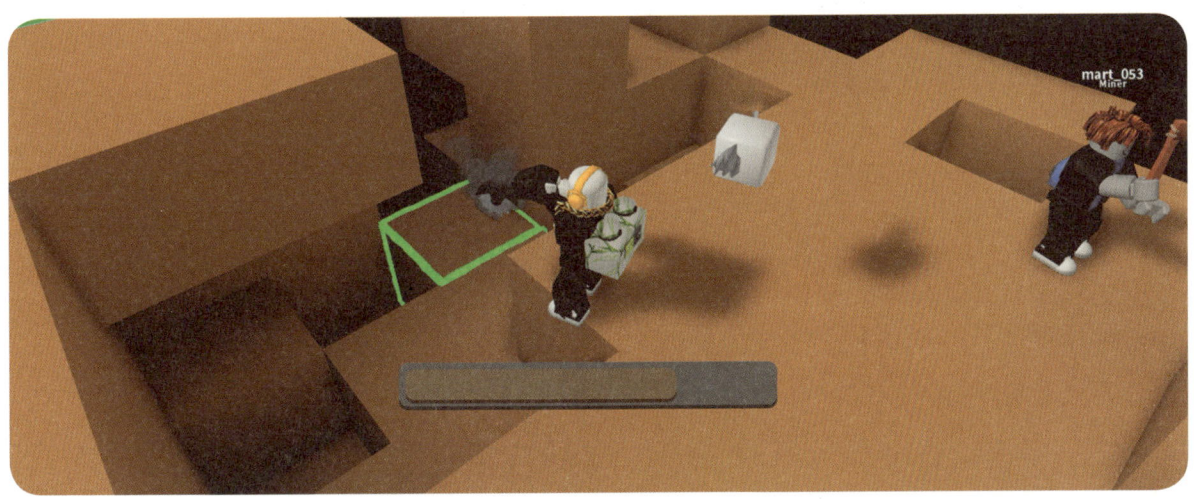

시뮬레이터 게임

WEIGHT LIFTING SIMULATOR 3

개발자 Flamin' Studios는 이 게임을 '역대 최고의 트레이닝 시뮬레이터'라고 부릅니다. 이 게임은 근육을 발달시키는 운동으로 몸을 울룩불룩한 근육질로 만듭니다. 약 18개월 만에 방문자 수 10억 명을 기록하고 200만 건 이상의 좋아요를 받은 Weight Simulator 3은 모든 시뮬레이터 팬을 위한 최강의 게임입니다.

아바타를 근육질 마스터로 만들려면 체육관에서 상당한 시간을 투자해야 합니다. 모든 캐릭터는 벌크 업이 필요한 깡마른 캐릭터인 스틱 등급에서 시작합니다! 맵 어디에서나 지칠 때까지 역기로 운동하면, 몸집이 더 커져 스몰 프라이 등급까지 도달할 수 있습니다.

역기를 들 때마다 2에서 10 사이의 힘 포인트를 얻을 수 있으며 힘 포인트가 250에 도달하면 다음 등급으로 올라갑니다. 그리고 힘 포인트가 500

개발자: Flamin' Studios

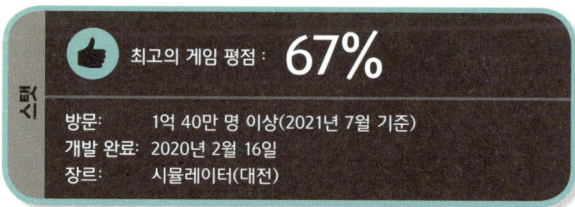

최고의 게임 평점 : 67%

방문: 1억 40만 명 이상(2021년 7월 기준)
개발 완료: 2020년 2월 16일
장르: 시뮬레이터(대전)

에 도달하면, 팔 굽혀 펴기 능력이 잠금 해제되고 쉬림프 등급으로 올라갑니다. 다음 등급으로는 근육질(힘 포인트 1000), 버프(힘 포인트 2500), 탱크(힘 포인트 5000), 몬스터(힘 포인트 1만) 등이 있습니다. 여러분이 정말로 근육과 힘을 진지하게 키우고 싶다면, 힘 포인트 8만에 도달하여 전설 등급이 되어 보세요.

마초, 마초맨!

- 로블록스 꿀팁 -

젬으로 펫을 구매하면 선택한 능력이 크게 향상됩니다.

근육이 타오르는 것을 느껴 봐요!

열심히 노력한 결과야!

스틱 등급인 신규 플레이어는 타이니 존으로 이동하는 것이 좋답니다. 타이니 존은 힘이 500 미만인 플레이어를 위한 특별 구역으로, 키가 크거나 몸집이 큰 등급 플레이어로부터 떨어져 안전하게 운동할 수 있습니다. 플레이어가 맵 주변에서 다른 플레이어를 쓰러뜨리면 보너스를 받을 수 있기 때문에, 모두가 보이는 장소에서 훈련을 할 경우 공격을 받기 쉽습니다.

물나무 뒤와 같은 숨겨진 장소에서 숨어서 운동하며 근육을 키워 보세요. 웨이트 바를 확인하여 벤치 프레스가 잠금 해제되었는지 확인하고, 벤치 프레스를 이용하여 캐릭터를 강화하세요.

게임에 많은 시간을 투자하는 거대한 헬스 보이들을 무시할 수 없습니다! 이런 캐릭터들은 놀라운 힘을 가지고 있으며 일부 캐릭터들은 빠르기까지 합니다. 등급이 어느 정도 높아지면 대전에 참가하여 상대와 대결해 보세요. 플레이어는 대전에 초대될 수 있지만 근육이 생기기 전까지는 피하는 것이 가장 좋답니다.

따라서 키와 지구력 등을 포함한 스탯을 잘 살펴보며 가능한 많은 킬, 대전, 환생을 목표로 근육질 캐릭터를 상대해 보세요.

| 시뮬레이터 게임

보물 사냥 시뮬레이터

25

개발자: HenryDev

해변을 가면 우리는 한 번쯤은 황금빛 모래 아래 숨겨진 보물을 찾는 꿈을 꿉니다. 그 꿈은 보물 사냥 시뮬레이터와 함께 이루어질 거예요. 보물 사냥 시뮬레이터는 Mining Simulator와 비슷한 점이 많은 반면 놀라운 반전이 있으며, 순수한 즐거움과 중독성이 가득한 게임입니다.

👍 최고의 게임 평점 : **90%** (2021년 7월 기준)

- 방문: 4억 5510만 명 이상(2021년 7월 기준)
- 개발 완료: 2018년 1월 19일
- 장르: 시뮬레이터(모험)

발굴 현장에서 지면 아래를 파면서 묻힌 물건을 찾아야 합니다. 더 깊이 팔수록 발견할 수 있는 아이템의 가치가 높아집니다. 기본 백팩은 저장할 수 있는 공간이 매우 제한적이므로 상점에서 코인으로 모래를 더 효과적으로 모을 수 있는 가방을 구매하세요. 양동이와 삽 등의 도구가 기본으로 주어지며, 이 기본 아이템을 삽으로 업그레이드할 수 있습니다. 그밖에 국자, 갈퀴, 진공청소기 도구를 쓰면 모래에서의 채굴량이 더 증가하며, 금속 탐지기의 채굴량은 100이지만 비용은 50만 코인이 듭니다.

스킬과 채굴 능력에 따라 여러분의 순위가 오르기 시작합니다. 그리고 땅이 언제 붕괴될 것인지에 대한 경고 신호가 항상 표시되므로, 발굴 현장에서 너무 오래 머물지 않도록 조심하세요. 리더보드에서는 게임에서 제일 잘하는 플레이어와 비교해 코인, 깊이, 모래 그리고 환생 등 순위가 매겨집니다. 장난감 나라, 화산, 교도소 같은 지역은 모래를 팔 수 있는 곳에서 코인으로 잠금 해제할 수 있습니다.

- 로블록스 꿀팁 -

최고 등급은 yeet이라고 부르며, 이 등급을 달성하려면 250억 개의 모래가 필요합니다.

보물을 찾아요!

GHOST SIMULATOR

개발자: BloxByte Games

> 이 시뮬레이터를 하려면 무시무시한 유령에 용감히 맞서야 합니다! 여러분의 미션은 용기를 갖고 특별한 장비와 능력을 사용하여 이 세계를 장악한 유령을 찾아 파괴하는 것입니다. 플레이어는 최대 12명까지 서버에 참여할 수 있으며 동시 접속자 수가 꾸준히 5000명을 기록하고 있는 Ghost Simulator의 스탯은 으스스할 만큼 화려하답니다!

최고의 게임 평점 : 84%

방문: 1억 290만 명 이상(2021년 7월 기준)
개발 완료: 2018년 12월 27일
장르: 시뮬레이터(전체 장르)

진공청소기로 무서운 유령들을 빨아들여서 돈을 벌어야 합니다! 빨아들인 유령은 판매 구역에 가서 에코 토큰으로 교환할 수 있으며 우수한 장비를 구매할 때 쓸 수 있습니다. 참고로, 백팩을 업그레이드하면 저장 능력을 더욱 늘릴 수 있답니다. 유령은 여러분의 백팩에 있는 안테나를 없애려고 할 것입니다. 이 게임에서는 안테나 레벨을 올리면 더 다양한 영역에 들어갈 수 있기 때문에, 안테나를 잘 지니고 있어야 합니다.

생물 군계로 알려진 일부 게임 지역에 들어가려면 특별한 접근 권한이 필요하지만 유령을 모으기 전에 먼저 산림 생물 군계에 들어갈 수 있습니다.

생물 군계에는 폐차장, 하수구, 광산, 해변 그리고 물속 등과 같은 지역이 있습니다. 참고로, 기간 한정 이벤트도 확인하세요. 유령의 저택이나 공룡 서식지 같은 테마 이벤트도 열립니다.

보스를 알리는 카운트다운 시계를 잘 살펴야 합니다. 보스는 높은 에너지를 지닌 무서운 유령으로, 여러분이 가지고 있는 진공청소기로 물리치면 추가로 보상을 받을 수 있답니다! 참고로, 퀘스트로 안내하고 필요한 보상을 잠금 해제할 수 있는 유용한 미니맵이 있습니다. Ghost Simulator의 일부인 펫과 상자를 이용하면 유령들이 잔뜩 돌아다니는 섬뜩한 밤을 무사히 보낼 수 있을 것입니다.

- 로블록스 꿀팁 -

호버보드에 올라가 보세요. Ghost Simulator에서 가장 재미있는 장비 중 하나입니다.

서바이벌 게임

적을 물리치고, 장애물을 넘고, 더 좋은 아이템을 얻거나 업그레이드하는 것은 서바이벌 게임에서 아주 중요합니다. 이 장르 게임에서는 악당을 폭파하는 것부터 건물을 빠르게 짓거나 살기 위해 점프하고 오르는 것까지 다양한 미션을 진행할 수 있습니다. 따라서 눈을 크게 뜨고 곰곰이 생각해서 최고의 서바이벌 게임을 선택하세요.

| 서바이벌 게임

23 FLOOD ESCAPE 2

Flood Escape 2에서 흥분과 두려움이 어우러진 장애물 코스를 경험해 보세요! 이 대규모 서바이벌 게임은 150만 건의 즐겨찾기를 기록했으며 한 번에 수천 명이 플레이할 수 있도록 여러 개의 서버들을 운영하고 있어서 이 게임 서버에는 항상 관심이 폭주하고 있답니다!

초보자 레벨에서는 최대 12명까지 플레이할 수 있습니다. Flood Escape 2는 개인별로 모험을 진행하지만 실제로는 각 레벨에 따라 압박감이 높아지기 때문에 팀 동료의 도움과 안내를 받아야 합니다. 난이도 쉬움인 성의 파도나 난이도 보통인 홍수 섬 같은 구역에 진입하면 곧바로 움직여야 합니다. 다른 게이머를 따라 밝게 빛나는 버튼을 누르다 보면 다음 방으로 이동할 수 있는 출구를 열 수 있습니다.

개발자: Crazyblox Games

👍 최고의 게임 평점 : **82%** (2021년 7월 기준)

방문: 4억 3390만 명 이상 (2021년 7월 기준)
개발 완료: 2017년 4월 13일
장르: 서바이벌(모험)

- 로블록스 꿀팁 -

게임을 시작하기 전에 로비에서 수영과 다이빙을 연습할 수 있습니다.

그냥 3단 뛰기로 넘어가자!

문제는 버튼이 까다로운 위치에 있어서 여러분이 잘 알고 있는 모든 장애물 게임 스킬을 사용해야 한다는 점입니다! 퀘스트에서 살아남기 위해 떠 있는 지역으로 점프하거나 줄타기를 하고, 높은 지점으로 건너뛰어야 합니다. 미션을 성공할 수 있도록 여러 플레이어들과 함께 노력하세요. 다른 플레이어들이 부지런히 움직여 버튼을 누를 때까지 보고만 있지 마세요. 만약 그렇게 하면, 그룹 내에서 인기를 얻을 수 없으며 각 게임에서 버튼을 누를 때마다 생기는 10 XP를 포기해야 합니다.

버튼에는 불이 들어오기 때문에 멀리 떨어진 곳에서도 쉽게 찾을 수 있습니다. 버튼을 누르면 미션을 완료할 수 있도록 사다리와 다리가 생기기도 합니다. Flood Escape 2에서는 수위가 상승하기 때문에 탈출 기회를 놓치면 공기량이 빠르게 줄어드는 위험이 있습니다. 그리고 출구 터널을 통해 아래로 잠수한 다음 끝까지 진행해야 하는 경우도 있습니다. 이런 상황에서는 빨리 가지 않으면 게임이 종료됩니다. 물에는 수면이 높아지는 위험만 있는 것이 아닙니다. 입수하면 생존할 수 있는 시간이 몇 초밖에 되지 않는 산성액과 입수하자마자 사망하는 용암도 나타납니다. 따라서 Flood Survival 2 에서는 용감하고 빠르며 능숙한 수영 선수이자 다이버가 되어야 한답니다!

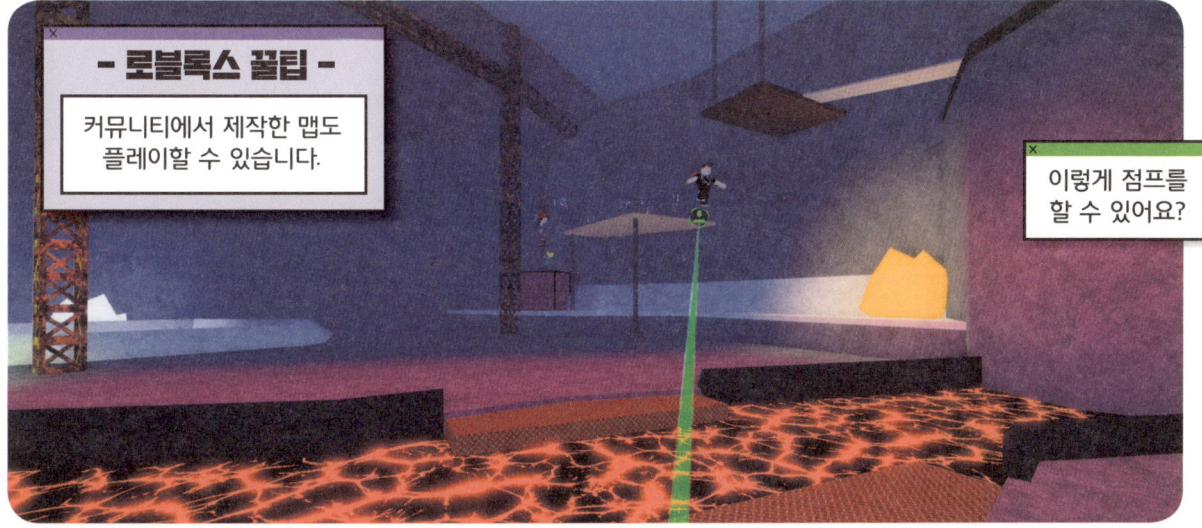

- 로블록스 꿀팁 -
커뮤니티에서 제작한 맵도 플레이할 수 있습니다.

이렇게 점프를 할 수 있어요?

서바이벌 게임

22 자이언트 생존!

생존 스킬, 사격, 거래 그리고 은신 등은 모두 자이언트 생존! 게임에 필요한 전술입니다. Pet Simulator와 BIG Paintball 등의 게임을 히트시킨 BIG Games 개발자 모임에서 만든 이 게임은 엄청나게 거대하며 몇 시간 동안이나 즐길 수 있는 모험들로 가득 차 있습니다.

자이언트 생존!에서는 목표물을 계속 맞힐 수 있는 명사수가 될 필요가 없습니다. 왜냐하면 목표로 하는 '사람'이 너무 크기 때문입니다! 액션은 빠르게 시작하지만 지형에 익숙해지고 무기를 선택하는 데 필요한 휴식 시간이 있습니다.

개발자: BIG Games

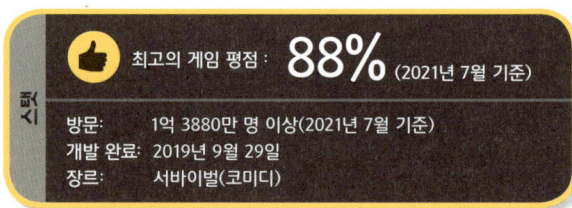

최고의 게임 평점: **88%** (2021년 7월 기준)

방문: 1억 3880만 명 이상(2021년 7월 기준)
개발 완료: 2019년 9월 29일
장르: 서바이벌(코미디)

- 로블록스 꿀팁 -

자이언트 생존!의 최고 무기는 생화학 블래스터로 3000만 달러입니다.

뒤에 있어요!

협동 작전!

성, 나무 위의 집, 공장 혹은 타워 등의 맵이 무작위로 생성되며, 이 게임의 미션은 화면에 나타나는 거대한 악당을 쏴서 해치우는 것입니다. 무기는 자동으로 조준되며 명중하면 여러분이 모은 돈이 번쩍 빛납니다. 등급이 낮은 무기로 공격하면 1달러나 2달러를 벌 수 있지만, 업그레이드한 무기로 맞히면 수백 달러를 벌 수도 있습니다.

거인의 체력은 화면 상단에 표시됩니다. 맵에 있는 8명의 플레이어들이 모두 협력하여 거대한 적을 공격해 없애야 합니다. 여러분은 맵 가장자리나 가까이 다가가 공격할 수 있습니다. 즉, 거인이 여러분을 붙잡아 죽일 가능성이 적답니다! 다만, 뜨거운 화산암과 같이 여러분 주위에 무작위로 떨어지는 물체나 붕괴하는 건물에 주의해야 합니다. 용감하게 건물 위로 올라가 거대한 악당이 일으키는 혼돈을 끝내 버리세요.

맵 주위에는 돈이 밝게 빛나기 때문에 이런 돈을 주우면 전투를 벌이는 동안 상점에서 부스트와 장비를 구매할 수 있답니다. 권총, 미니건, 그리고 블래스터 등은 기본 화살보다 위력이 더 강하기 때문에 할 수 있는 한 빨리 무기를 업그레이드하세요. 거인은 죄수, 해골, 유령 등 무서운 캐릭터의 모습으로 나타날 수 있으므로 다 같이 공격해서 거인의 체력을 계속 깎아야 합니다. 게임을 한층 더 신나게 만드는 특별 게임 모드에서는 돈을 3배로 얻을 수 있기 때문에 잔고가 폭발적으로 증가한답니다.

서바이벌 게임

구축하고 생존하십시오!

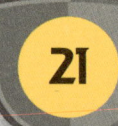

> BIG Games는 서바이벌 게임 분야에서 존재감이 큽니다! 텍사스 출신 개발자들이 만든 구축하고 생존하십시오! 게임은 빠른 진행과 신속한 전술로 가득하며 기막히게 혼란스러운 모험이 있습니다. 요새를 건설하여 최대한 오래 생존하세요.

마인크래프트, 포트나이트, 좀비 어택 등의 요소가 적절히 섞여 있는 구축하고 생존하십시오! 게임에서는 다가오는 적을 정확하게 사격할 수 있는 요새와 타워를 건설해야 합니다. 몬스터들이 계속 다가오기 전에 건설할 시간은 충분합니다. 나무 재료로 건설을 시작하며 더 높은 레벨에 도달하면 방어력이 더 좋은 벽돌과 금속을 사용할 수 있습니다.

서버에 참여하는 10명의 플레이어들은 로봇과

개발자: BIG Games

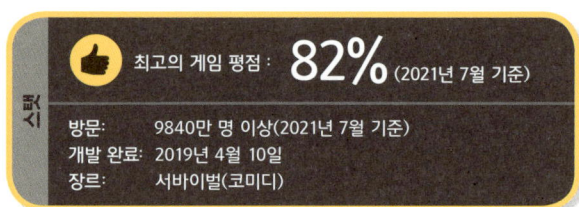

최고의 게임 평점 : **82%** (2021년 7월 기준)

방문: 9840만 명 이상(2021년 7월 기준)
개발 완료: 2019년 4월 10일
장르: 서바이벌(코미디)

좀비로부터 자신들을 보호할 강력한 타워와 건물을 만들어야 합니다. 참고로, 높은 위치를 차지할 수 있도록 높고 얇은 타워를 이용하여 단단한 요새를 만드세요. 악당은 여러분이 만든 건물을 공격하고 펀치를 날릴 수 있지만 높이 올라갈 수는 없습니다.

밀려오는 몬스터들을 향해 무기를 최대한 많이 발사해야 합니다. 보상으로 코인과 심장을 얻을 수 있으며 맵 주변에서 유용한 아이템들을 많이 얻을 수 있습니다.

하지만 이런 아이템을 얻으려고 가다가 죽을 수도 있답니다! 라운드를 통과하면 생존 보너스를 받을 수 있습니다. 2019년 업데이트 2에서는 프리미엄 태양 광선이 추가되어 태양의 힘을 이용하여 치명적인 광선을 발사할 수 있습니다. 레이저 빔, 포탄 그리고 번개 등도 모두 게임의 일부입니다. 이 게임을 한 번만 경험하면 언제고 다시 게임 속으로 되돌아오게 된답니다.

- 로블록스 꿀팁 -

구축하고 생존하십시오! 게임에서는 컴퓨터 그래픽을 가장 낮게 설정한 모드를 '포테이토(감자)'라고 부릅니다. 신기하네요.

이번에는 잡았어!

몸을 숨기기에 좋은 장소를 찾았군요!

서바이벌 게임

 슈퍼 밤 서바이벌!!

슈퍼 밤 서바이벌!!에서는 위에서 떨어지는 치명적인 폭탄을 피해 방을 돌아다니며 살아남아야 합니다. 방문자 수 1억 2000만 명과 즐겨찾기 120만 건을 기록한 이 서바이벌 게임에서 여러분은 환상적인 경험을 할 수 있을 것입니다.

플레이어는 다양한 타워, 기지 그리고 피라미드 등과 SBS 커뮤니티에서 손수 제작한 맵을 포함하여 100개 이상의 맵을 선택할 수 있습니다. 로비에서 플레이하고 싶은 맵을 투표하며 다음 라운드의 난이도가 1에서 5까지 표시됩니다. 참고로, 게임의 난이도는 일반적으로 3.5에서 3.7 사이입니다.

개발자: Polyhex

스탯
- 최고의 게임 평점: **92%** (2021년 7월 기준)
- 방문: 1억 5150만 명 이상(2021년 7월 기준)
- 개발 완료: 2014년 6월 29일
- 장르: 서바이벌(전체 장르)

- 로블록스 꿀팁 -

마지막 30초를 남기고 졌다고 너무 낙심하지 마세요. 그럴 땐 '정말 아쉬워요' 배지를 받을 수 있습니다.

본 게임에 참여하기 전에 대기하는 로비 공간은 로블록스 게임들을 모두 통틀어 최고로 멋진 장소 중 하나입니다. 로비에는 재미있는 활동으로 가득 차 있어서 그 자체로 미니 게임과 같습니다. 예를 들면, 점프하며 뛰어다니고, 색깔이 있는 버튼을 누르고, 거대한 축구공을 움직이고, 대포를 발사할 수 있습니다. 대포에서 자기 자신을 발사하여 목표물을 명중시키면 배지를 보상으로 받을 수 있답니다!

본 게임에 참여할 준비를 완료하면, 방 중앙으로 합류하여 떨어지며 폭발하는 폭탄을 피하세요. 헬리콥터처럼 날거나, 급커브 및 회전 등 잠금 해제된 스킬을 사용하여 안전하게 살아남아야 합니다. 새로운 점프 스킬과 회피 트릭을 이용하면 폭탄 공격에서 살아남는 데 도움이 됩니다. 크레딧과 보너스를 획득하여 새로운 게임 스킬을 얻으세요. 게임이 끝날 때마다 스코어카드에 여러분이 모은 크레딧이 표시됩니다. 젬도 수집하여 부스트와 팩으로 교환하세요. 참고로, '먹은 피자' 정보를 포함한 전체 통계를 확인할 수 있습니다. 피자와 폭탄, 정말 기막힌 조합이지 않나요?

서바이벌 게임

19 THE FLOOR IS LAVA

개발자: TheLegendOfPyro

> 지금부터 격렬한 로블록스 액션을 경험할 준비가 되었나요? 게이머가 높은 곳에 올라가 각 라운드에서 살아남기 위해 고군분투해야 하는 The Floor is Lava는 정말 흥미진진한 게임이에요. 이 게임은 매우 간단하지만, 3년 만에 방문자 수가 6억 명을 기록한 것처럼 중독성이 강하답니다.

최고의 게임 평점: 67% (2021년 7월 기준)

- 방문: 10억 명 이상(2021년 7월 기준)
- 개발 완료: 2017년 5월 15일
- 장르: 서바이벌(모험)

게임을 시작하기 전에 로비에서 미니 탈출 게임을 하면 본 시합 전에 몸을 풀 수 있습니다. 맵에 스폰되면 20초 안에 높은 곳으로 올라가 살아남을 경로를 찾아야 합니다. 뒤집힌 피라미드부터 놀이터, 공원, 언덕 등에 이르기까지 100개 이상의 맵에서 플레이할 수 있답니다. 시계의 카운트다운이 끝나면 여러분을 당황하게 만들 수 있는 치명적인 용암이 솟아오르기 때문에 근처에서 가장 높은 지점으로 달려가세요.

신규 플레이어는 주변의 경험 많은 사람들로부터 정보를 얻어야 합니다. 즉, 경험 많은 사람들이 선택한 경로를 이용하고 똑같이 점프하여 넘어가야 합니다. 한 번이라도 실수하면 뜨거운 액체 속으로 떨어져 실패할 수 있기 때문에 오비 게임 스킬을 최상으로 유지해야 합니다. 참고로, 용암에서도 몇 초 정도 생존할 수 있으니까 용암에 들어가더라도 빠르게 이동하세요.

성공적으로 살아남을 때마다 포인트를 얻을 수 있으며 포인트를 모아 중력 코일, 스피드 코일, 보호 장비, 갈고리 같은 아이템으로 교환할 수 있습니다. 이런 아이템들은 높은 곳으로 올라가 생존하는 데 도움이 되며, 로벅스로 제트팩과 날아다니는 구름 등의 게임 패스를 구매할 수 있습니다!

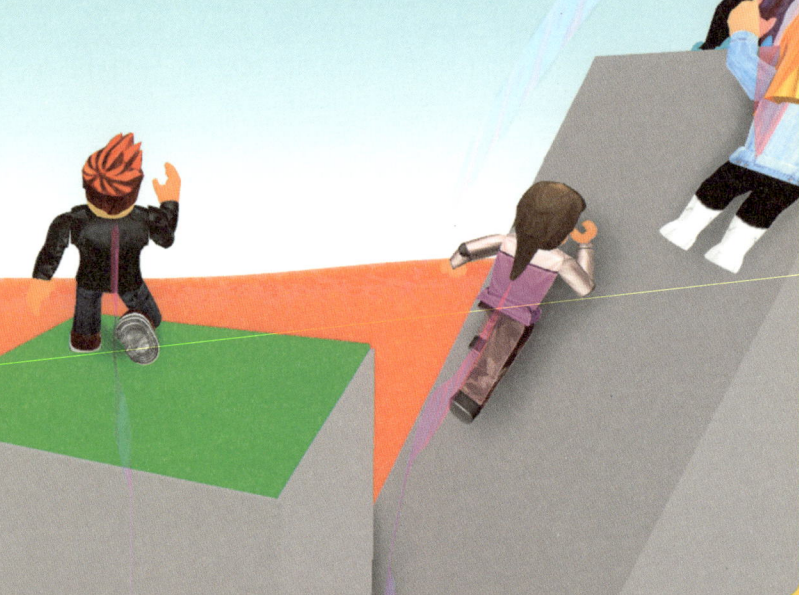

높은 지대를 찾아요!

- 로블록스 꿀팁 -

다른 플레이어의 머리 위에 서거나 점프하여 올라갈 수도 있습니다.

자연재해 서바이벌

개발자: Stickmasterluke

자연재해 서바이벌 게임을 플레이할 때에는 빠른 판단으로 다가오는 위험을 피해야 합니다. 여러분의 임무는 지진부터 화산 폭발, 그리고 산성비 등에 이르기까지 맵을 휩쓸고 지나가는 자연재해에 대처할 수 있는 가장 좋은 방법을 찾아 행동으로 옮기는 것입니다. 여러분, 이곳은 위험한 세상입니다.

최고의 게임 평점 : 90%

- 방문: 15억 명 이상(2021년 7월 기준)
- 개발 완료: 2008년 3월 28일
- 장르: 서바이벌(전체 장르)

로비 타워에서 각 라운드마다 레이싱 트랙, 놀이공원, 대저택 등의 맵이 무작위로 선택됩니다. 결정된 맵으로 텔레포트되면, 약 20초 후에 다가올 재난에 대한 세부 정보가 표시됩니다. 주어진 정보를 이용하여 모래 폭풍, 눈보라, 쓰나미, 홍수 같은 재난에 대처하세요. 보통 홍수와 같은 재난이 있을 때는 안전한 지대로 올라가는 것이 좋지만 항상 가장 높은 지대까지 올라가는 것이 최선은 아닙니다.

매우 높은 일부 구조물은 불안정해서 무너지면 낙상 피해를 입을 수 있습니다. 플레이어들은 어떤 자연재해인지 알지 못한 채 항상 높은 위치를 차지하기 위해 쟁탈전을 벌이는 잘못된 판단을 하곤 한답니다.

다가오는 자연의 힘이 무엇인지 알고 싶다면 하늘을 올려다보세요. 공기 중에 황사가 있고 안개가 낀다면 모래 폭풍이 오고 있다는 것을 의미하기 때문에 안전한 건물 안으로 대피해야 합니다. 안전한 장소로 올라가는 데 도움이 되는 풍선 같은 보상을 얻고 나침반 및 VIP 특권 등과 같은 게임 내 부스트를 얻을 수 있는 게임 패스를 구매하세요.

비가 내려요!

뚝뚝

살아남을 수 있을까요?

- 로블록스 꿀팁 -

5번 연속으로 라운드에서 생존하면 생존 하이파이브 배지를 받을 수 있습니다.

건설 게임

건설

블록을 쌓아 크거나 작은 구조물을 만드는 건설 게임은 단순한 유행 그 이상의 의미가 있습니다. 이 장르 게임은 살아남거나 적을 물리치기 위해 건설을 하거나, 많은 돈을 벌 수 있는 물건을 만듭니다. 건설은 여러분의 상상력이나 정해진 설계를 이용하여 만들 수 있답니다. 지금부터 소개하는 게임들은 인기 있는 장르가 무엇인지 잘 보여 줍니다.

건설 게임

BUILDING SIMULATOR

건설하고, 건설하고, 건설하고 또 건설하고……. 이 게임은, 짐작했듯 건설이 전부입니다. 단순한 맵에서 간단한 방법으로 구조물을 빠르게 세우는 것에 중점을 두고 있는 이 게임처럼 대부분의 시뮬레이터 스타일 게임은 롤플레잉이 없습니다. 개발자 Just For Fun에서 제작한 Building Simulator가 바로 그렇습니다.

이 게임의 목적은 청사진이라는 미리 설계된 도면을 이용하여 건물과 물건을 만드는 것입니다. 맵은 항상 동일한 형태의 커다란 녹지 공간으로 모든 사용자가 창의력을 충분히 발휘할 수 있으며, 한 서버에 최대 7명의 플레이어가 참여할 수 있습니다. 처음 플레이할 때는 나무가 잠금 해제 되어 건설할 수 있으며, 5달러의 가치가 있습니다.

이제 나무로 계속 건설하여 530달러까지 모아야 합니다. 530달러까지 모이면 전체 물건을 잠금 해제할 수 있기 때문에 돈을 더 많이 벌 수 있어요. 하지만 더 큰 건물을 짓는 데에만 집중해서는 안 됩니다.

개발자: Just For Fun

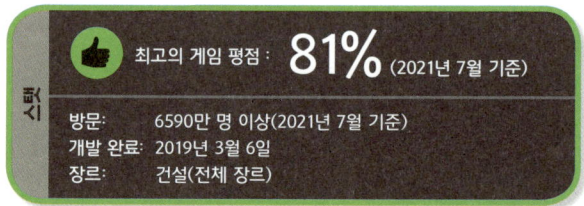

최고의 게임 평점: **81%** (2021년 7월 기준)

방문: 6590만 명 이상(2021년 7월 기준)
개발 완료: 2019년 3월 6일
장르: 건설(전체 장르)

- 로블록스 꿀팁 -

Building Simulator 2도 2019년 11월, 개발자 Just For Fun이 만들어 출시했습니다.

이건 내 거야!

효율이 좋은 도구를 장비하는 것이 현명합니다. 기본으로 제공되는 스틱은 작업 속도가 느리며 스톤의 가격은 220달러지만 힘이 1.5배 더 큽니다. 스틱보다 힘이 1100배 더 강력한 1만 5500달러짜리 렌치 등의 장비를 구매하면 건설에 큰 도움이 됩니다. 더 좋은 도구를 구매해야 할지 아니면 새로운 청사진을 구매하기 위해 돈을 아껴 둘지 잘 고민해 보세요.

탱크, 로블록스 간판, 타워, 복합 건물, 일반 주택 등을 건설하면 2270달러에서 8820만 달러 사이로 보상받을 수 있습니다. 다양한 건축 양식으로 지어 보세요. 맵 주변에서 여러분을 따라다니며 대신 건설하는 헬퍼를 몇 명 고용하면 여러분은 거대 제국을 건설하는 데 집중할 수 있답니다.

환생 옵션은 Building Simulator 게임에서 중요한 전략입니다. 기본 비용이 2250달러 드는 환생을 이용하면 건설 가치를 세 배로 늘리는 골드로 전환할 수 있습니다. 환생 옵션은 여러분을 장식 전문가로 만들어 줄 수도 있어요. 환생하는 동안에도 생산량이 50% 증가한다는 점을 염두에 두세요.

건설 게임

RETAIL TYCOON

제목에 '타이쿤'이 있긴 하지만, 이 게임에서는 엄청나게 많은 돈을 모으는 것 못지않게 화려한 건물을 건설하는 게 중요합니다. Retail Tycoon은 고객이 상점을 방문하여 다양한 물건을 구매할 수 있도록 사업 환경을 조성하는 완벽한 롤플레잉 게임입니다.

개발자: Haggie125

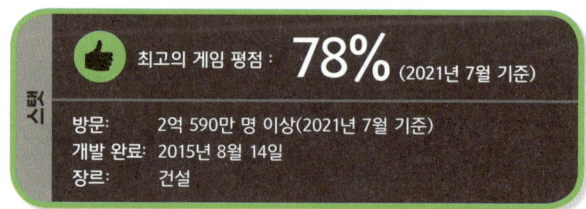

최고의 게임 평점: **78%** (2021년 7월 기준)

방문: 2억 590만 명 이상(2021년 7월 기준)
개발 완료: 2015년 8월 14일
장르: 건설

Retail Tycoon은 구조화가 잘된 게임으로, 빌드 탭에 건설할 수 있는 모든 옵션과 선택 사항이 명확하게 표시되어 있답니다. 게임이 시작되면 빈 부지를 찾은 후 곧바로 5000캐시로 상점을 건설해야 합니다. 선반, 냉동고, 진열대 같은 진열 아이템을 가장 먼저 건설하세요.

이제 공급 탭에서 음식, 장난감 혹은 책 등 적절한 상품들을 선택하여 진열할 수 있습니다.

직원도 고용할 수 있으며, 상품을 판매해서 돈이 모이면 건설 옵션이 늘어납니다. 참고로, 선반, 진열대, 사무실 책상 같은 품목들이 더 이상 필요하지 않다면 원래 가격의 80%에 다시 판매할 수 있답니다.

무엇을 살까요?

이곳에 내 가게가 들어올 거예요!

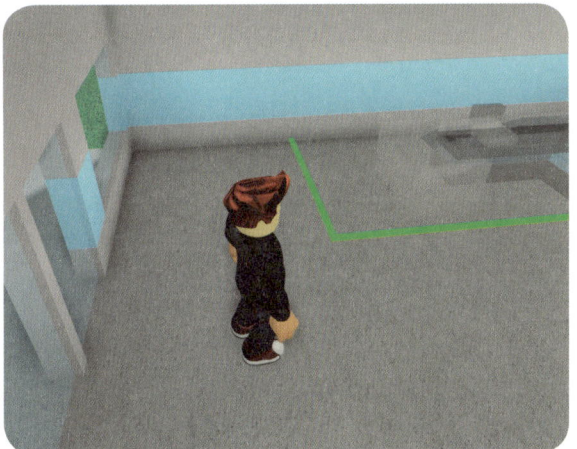

돈을 어느 정도 모으면 상점 건물을 확장하거나 세부적인 부분을 변경해 보세요. 벽, 바닥, 천장 등은 여러분의 기호에 맞게 구체적으로 지정할 수 있으며, 설치 후 마음이 바뀌면 설치한 비용의 절반 가격으로 아이템을 판매할 수 있는 옵션이 있습니다. 업그레이드 탭에는 화려한 건설 옵션이 있습니다. 메인 상점 주변의 토지는 패치당 1000에서 5000캐시 사이로 구입할 수 있으며 주차장도 더 크고 멋지게 만들 수 있습니다. 하지만 이렇게 주차장을 꾸미려면 1000에서 2만 5000캐시 정도가 더 들 수 있어요.

Retail Tycoon 게임에서는 돈을 많이 버는 데 중점을 두어야 합니다. 돈이 있어야 건설 공사 비용을 지불할 수 있기 때문이지요. 대규모 확장 계획을 시작하기 전에 신중하게 따져 보세요.

- 로블록스 꿀팁 -

강도가 건물에 침입할 수 있습니다. 만약 강도가 침입하면 신속하게 저지하세요!

| 건설 게임

HOMEBUILDER

개발자: Citre

HomeBuilder처럼 유행을 타지 않는 환경에서 느긋하게 건물을 지으며 즐거움을 느낄 수 있는 게임은 거의 없습니다. 고민하게 만드는 다양한 옵션들과 방법들을 이용하여 여러분이 꿈에 그리던 집을 만들어 보세요. 하지만 건설 계획을 망치면 꿈이 악몽으로 변할 수도 있습니다.

최고의 게임 평점 : **74%** (2021년 7월 기준)

방문	73만 1200명 이상(2021년 7월 기준)
개발 완료	2017년 5월 4일
장르	건설

거대한 맵에 입장하면 앞으로 여러분이 건설할 세계가 나타납니다. 화면에서 플롯 탭으로 이동하여 잔디, 모래, 타맥, 콘크리트 등 네 가지 플롯 중에서 기초판으로 사용할 재료를 선택하세요. 선택한 플롯은 건설 선택 목록에 추가됩니다. 기초부터 시작하는 것이 좋습니다. 아마 여러분은 부지 가장자리에 나무와 관목을 심지 않을까요? 식물 6 종류 중에서 선택할 수 있으며 잔디를 깎을 수도 있습니다. 건물 구조를 디자인할 때, 고풍스러운 외형으로 할지, 현대적인 모습으로 할지 여부와 어떤 종류의 벽이나 문을 설치할 것인지 선택하세요.

'기초판 지우기' 버튼을 이용하면 해당 플롯을 없애고 새로운 플롯을 다시 생성할 수 있습니다. 그러니 기초판이 마음에 들지 않더라도 걱정하지 마세요.

여러분의 취향에 따라 건물 내부를 꾸밀 수 있습니다. 가구 품목에는 아기자기한 분위기를 연출할 수 있는 선물, 토스터, 책뿐만 아니라 의자, 침대, 소파, 그리고 수납장도 있습니다. 고급 주방 기구 세트, 평면 TV, 노트북 등 일부 멋진 제품들은 로벅스로 구매해야 하지만, 무료로 선택할 수 있는 아이템들도 많습니다. 참고로, 9개 슬롯들 중 하나에 여러분의 작품을 저장하면 다음에 방문할 때 다시 사용할 수 있답니다.

- 로블록스 꿀팁 -
건축의 기초를 알려 주는 유용한 튜토리얼이 있습니다.

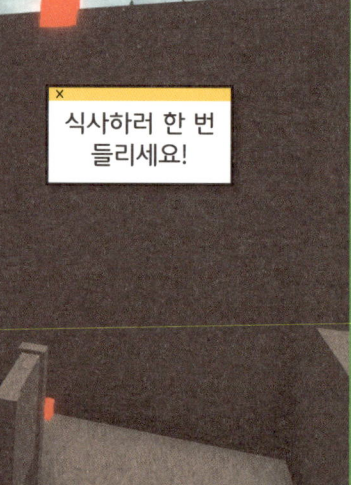

식사하러 한 번 들리세요!

디자인 쇼!

개발자: tktech

건설 장르 게임을 할 때 거대한 집, 타워 그리고 도시 경관 등을 만드는 것에만 얽매일 필요는 없습니다. 건설은 규모가 작은 물건을 의미할 수도 있어요. 마치 아바타를 꾸미는 것처럼 말이에요. 디자인 쇼! 게임의 목표는 특정 테마로 아바타를 멋지게 꾸민 후 다른 게이머들이 좋아하는지 여부를 투표하는 것이기 때문에 이런 의미와 약간 비슷합니다. 여러분이 건설 게임의 팬이라면 이 기발한 게임을 당장 경험해 보세요.

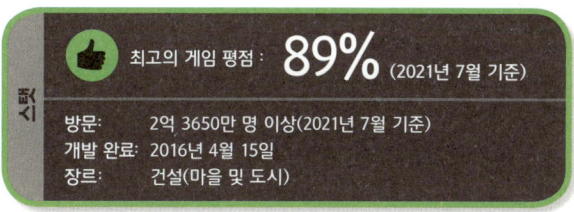

최대 8명까지 참여할 수 있는 서버에 들어가면 라운드마다 정해진 테마에 맞게 아바타를 디자인하라는 메시지가 표시됩니다. 테마는 유명한 운동선수부터 십 대, 스포츠, 우주, 동물, 로봇에 이르기까지 굉장히 다양합니다. 중요한 점은 처음에 넉넉하지 않은 예산으로 외형을 꾸며야 한다는 것입니다. 옵션을 스크롤하면서 머리카락과 모자부터 컬러 바지에 이르기까지 캐릭터의 모든 신체 부위에 대한 아이템과 도구를 찾아보세요.

이 기능은 로블록스 홈페이지에서 제공하는 일반 아바타 편집기와 매우 유사하므로 동작 방법에 익숙할 것입니다.

각 라운드마다 주어지는 테마를 염두에 두고, 눈길을 가장 많이 끌 수 있는 모습으로 만들어야 합니다. 신체 스타일, 아바타 종류, 효과, 동물까지 추가할 수 있어요. 디자인을 제출하면 쇼가 시작될 때까지 기다려야 하며, 디자인이 모두 준비되면 여러분이 가장 좋아하는 의상에 투표할 수 있습니다. 아쉽지만 여러분의 작품에는 직접 투표할 수 없어요. 승자는 레드 커튼 뒤에서 공개되며 라운드 결과가 발표되면 돈을 보상으로 받을 수 있어 예산을 늘릴 수 있습니다. 여러분, 행운을 빌어요!

건설 게임

WELCOME TO ROBLOX BUILDING

개발자: CloneTrooper1019

이 게임은 어딘가에 있을 건축가들을 위한 게임입니다. 다른 사용자나 적으로부터 스트레스를 받지 않고 소박하게 건설하며 편안하게 재미를 느끼고 싶은 건설 장르 게임 팬이라면, 이 독특한 게임에서 몇 시간, 또는 며칠 동안 행복을 느껴 보세요!

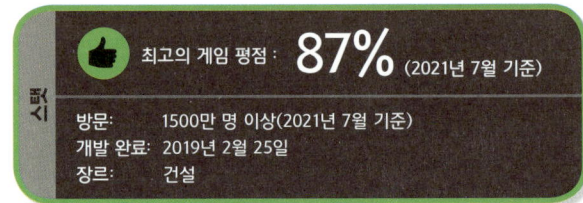

최고의 게임 평점: **87%** (2021년 7월 기준)

방문: 1500만 명 이상(2021년 7월 기준)
개발 완료: 2019년 2월 25일
장르: 건설

로블록스 초창기에 이 같은 게임의 초기 버전이 존재했지만 시간이 지나 심각한 오류가 발생하거나 구식이 되기 마련이었습니다. 하지만 Stickmasterluke, HotThoth, 그리고 darthskrill 등의 오리지널 개발자들에게 영감을 받은 CloneTrooper1019는 이 게임을 되살리기 시작했습니다. 2020년 봄까지 Welcome to ROBLOX Building는 이전보다 더 많은 기능, 블록 그리고 커스터마이징을 갖추게 되었습니다.

기초를 만드는 것을 시작으로 건설에 대한 상상력을 마을로 옮겨 보세요! 건설에 대한 설정은 거실 바닥에 놓여 있는 레고 조립판과 비슷해서 정말 재미있답니다.

항상 다른 플레이어의 건설 방법도 확인해야 합니다. 주변을 잘 살피면 아이디어를 얻을 수 있을 거예요. 집, 타워, 그리고 자동차와 놀이터가 어떻게 만들어졌는지 살펴보세요. 그러다 혹시 마음에 드는 건물을 발견하면 좋아요를 눌러 주세요. 그러면 개발자가 기뻐할 거예요.

기본 키트부터 주택, 성, 우주를 테마로 건설, 고급 키트에 이르기까지 여러분이 상상할 수 있는 모든 종류의 세트와 키트가 있습니다. 그리고 각종 기계와 배선 요소, 심지어 크리스마스 및 핼러윈 소품도 있답니다. 스탬퍼를 이용하여 창의력을 발휘해 보세요!

옵션이 굉장히 다양해요!

보물선 만들기

12

개발자: Chillz Studios

제목에 게임 내용이 모두 담겨 있네요. 단순하지만 세련된 이 건설 장르 게임에 대하여 굉장한 사실을 몇 가지를 알려 드리겠습니다. 동시 접속자 수 2만 명과 방문자 수 17억 명을 기록한 보물선 만들기 게임은 건설 장르 게임에서 역대 최고 기록을 계속 쌓아 올리고 있습니다.

최고의 게임 평점 : 92% (2021년 7월 기준)

방문: 17억 명 이상 (2021년 7월 기준)
개발 완료: 2016년 11월 2일
장르: 건설(모험)

물가에 있는 거대한 건설 구역은 배를 제작할 수 있는 공간입니다. 처음에는 플레이어에게 제공되는 나무 블록과 의자가 적기 때문에 매우 기본적인 배 밖에 만들 수 없습니다. 막상 배처럼 보이지는 않을 수도 있지만, 이 배도 물에 뜬긴 해요. 초보 빌더라면 배를 처음으로 물에 띄워 항해하면서 바위와 장애물을 통과하는 데 익숙해지기까지 몇 번은 계속 시도해야 할 것입니다.

보물선 만들기 게임의 목표는 물살을 가르며 길을 따라 항해하여 각 미션을 통해 배를 얻는 것입니다. 배가 갇히게 되는 원리와 배를 완성하기 위해 필요한 것이 무엇인지 이해해야 하며, 자동으로 바위를 피해 지나갈 수 있도록 건조하는 방법을 배워야 합니다. 레벨을 통과할 때마다 금과 보물을 보상으로 받을 수 있기 때문에 더 크고 인상적인 배를 만들 수 있습니다. 하지만 가장 큰 배라고 다 좋은 건 아니랍니다.

게임에서 익히고 기억해야 할 것들이 많긴 하지만, 큰 물건을 손수 만들어 꾸미고 색칠하는 것을 좋아한다면 배를 주제로 한 이 모험은 확실히 재미있을 거예요.

내 배니 내 마음대로야!

- 로블록스 꿀팁 -

싱글 모드나 팀 모드 중 하나를 선택해서 플레이할 수 있습니다.

건설 게임

BUILD BATTLE!

개발자: P& J Studios

걱정하지 마세요. 실제로 Build Battle!에서는 대전이 없습니다. 이 게임은 가지고 있는 도구로 상상력을 발휘하여 건설하는 것이 전부입니다. 물론 여러분은 최고가 되기 위해 다른 건축가들과 경쟁하게 될 것입니다. 그러면 건설 배틀을 시작하겠습니다!

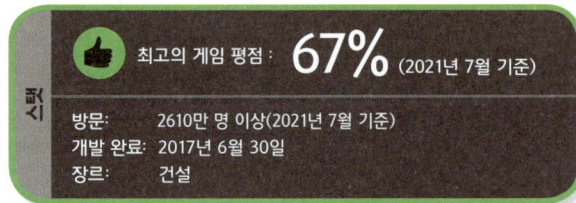

최고의 게임 평점 : **67%** (2021년 7월 기준)

방문: 2610만 명 이상(2021년 7월 기준)
개발 완료: 2017년 6월 30일
장르: 건설

개발 및 스크립팅에 뛰어난 재능을 갖춘 TheLegendOfPyro, SummerEquinox, EncodedLua가 만든 Build Battle! 게임의 서버에는 플레이어가 최대 14명(2021년 7월 기준)까지 참여할 수 있으며 주어진 시간 안에 최고의 건물을 만들기 위해 서로 경쟁합니다.

테마는 외계인과 성부터 스포츠 역사에 이르기까지 무작위로 정해지며 빌더는 테마에 맞는 구조물을 만들어야 합니다. 테마는 25로벅스로 구매할 수 있으며 라운드가 시작되면 도구와 재료를 사용하여 인상적인 디자인을 만들어야 합니다!

건물부터 테마와 관련된 기타 특징이나 동물처럼 보이는 시설에 이르기까지 무엇이든 디자인할 수 있습니다. 나머지 부분에는 눈에 띄는 색상과 기술을 사용하세요. 시간이 다 되면, 플레이어마다 화면 하단에 있는 5개의 이모티콘 버튼들을 사용하여 각 창작물을 평가합니다. 전체 승자가 공개되면 게임 결과에 따라 순위가 매겨집니다. 물론 리그 최하위가 되고 싶은 사람은 없을 거예요. 성공하면 크레딧을 보상으로 받을 수 있기 때문에 다음 라운드에서 더 좋은 재료와 아이템을 살 수 있습니다.

3… 2… 1 빌드!

- 로블록스 꿀팁 -

빨간색과 파란색 트랙을 이용하면 건설 지역의 가장자리를 따라 빠르게 이동하며 모든 창작물을 볼 수 있습니다!

PLANE CRAZY

개발자: madattak

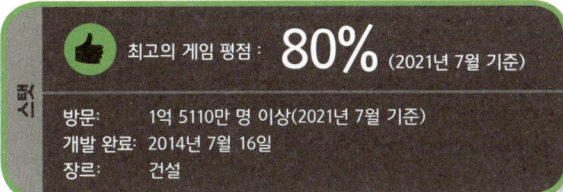

Plane Crazy는 원래 madattak이 몇 년 전에 개발한 게임이지만 rickje139에 의해 업그레이드되었습니다. 강렬한 디자인과 과학적인 요소가 가미된 건설 기능들로 가득한 게임이지만, 속도감 있게 즐기려면 시간이 걸릴 수 있으니 그때까지 잘 버텨 보세요.

로블록스에는 비행기에서 영감을 받아 성공한 게임이 많지 않으며 날개가 달린 기기를 만들 수 있는 게임도 흔하지 않습니다. 여러분의 임무는 가지고 있는 기본 블록, 빔, 쐐기, 날개 그리고 실린더 등을 이용하여 빌드 구역에서 비행기를 만든 뒤 활주로 테스트를 하는 것입니다. 굉장히 멋있을 거예요. 그러니까 기술적인 이야기만 듣고 망설이지 마세요.

주황색 건설 아이콘을 누르면 필요한 재료를 찾을 수 있습니다. 가이드라인은 비행기의 무게 중심에 맞춰 재료를 설치하는 방법을 알려 줍니다. 날개 그리고 바퀴 등과 함께 추진력 탭에서 연료 블록을 추가하세요.

엔진을 선택하는 것을 잊지 마세요! 비행기가 활주로에 착륙하는 방법으로 제트기 동력과 로켓 동력 중 하나를 선택하고 건설이 끝나면 녹색 비행기 버튼을 클릭하여 비행 테스트를 해 보세요. 물리학, 구성 요소 그리고 색상 등은 모두 조정 및 변경될 수 있답니다.

활주로에서 다른 디자인을 잘 살펴보세요. 혹시 채팅을 할 수 있다면 경험이 풍부한 다른 빌더에게 팁을 요청하는 것도 한 방법입니다. 즐거운 여행이 되길 바랄게요.

- 로블록스 꿀팁 -
건축의 기초를 알려 주는 유용한 튜토리얼이 있습니다!

함께 날아요!

장애물 코스

몇 시간 동안 계속 즐길 수 있는 모험은 무엇이 있을까요? 점프하고, 돌고, 높이 뛰고, 미끄러지기? 업그레이드, 코인, 젬 그리고 보상? 게이머들이 '오비'라고 부르는 장애물 코스 게임에서는 이런 흥미진진한 것들뿐만 아니라 더 많은 것들을 제공합니다. 멋진 오비 세계에서 얼마나 멀리 도달할 수 있는지 확인해 보세요.

| 장애물 코스

9 대꿀잼 장애물 달리기

개발자 Bloxtun이 왜 대꿀잼 장애물 달리기를 전 세계에서 가장 재미있는 장애물 코스라고 부르는지는 2000개가 넘는 스테이지를 보면 쉽게 알 수 있습니다. 게임의 규모가 크기 때문에 플레이어들은 다양한 코스를 뛰어다니면서 몇 시간 동안 즐겁게 보낼 수 있을 것입니다.

게임에 스폰되면 곧바로 출발해야 합니다. 대꿀잼 장애물 달리기는 개인 또는 친구들과 함께 즐길 수 있으며 많은 사람들이 스테이지마다 누가 가장 빠르게 달리는지 경쟁합니다. 하지만 스테이지가 너무 많기 때문에 레이스가 길어질 수 있어요. 여러분은 원형판, 사각형판, 원기둥 등을 쉴 새 없이 뛰어넘어야 합니다. 참고로, 흰색 패드에 도달할 때마다 리스폰 지점으로 설정되기 때문에 뛰다가 떨어진다고 해도 시작 지점으로 돌아가지 않아도 된답니다.

개발자: Bloxtun

👍 최고의 게임 평점 : **72%** (2021년 7월 기준)

방문: 11억 명 이상(2021년 7월 기준)
개발 완료: 2009년 7월 10일
장르: 모험

- 로블록스 꿀팁 -

대꿀잼 장애물 달리기를 좋아한다면, 대꿀잼 장애물 달리기 2도 경험해 보세요!

한 번에 한 걸음씩!

이 게임에서는 MLP(메가 로열티 포인트)를 모으는 것이 중요합니다. MLP를 많이 모아 상점에서 아이템과 부스트를 구매하세요. 속도가 빨라지는 신발, 중력 풍선, 날아다니는 카펫, 코일 같은 멋진 장비를 사용하면, 장애물 코스를 가로질러 날아갈 수 있어서 달리기 시간을 단축할 수 있답니다. 대꿀잼 장애물 달리기 게임에서 경험할 수 있는 또 다른 즐거움은 건너뛰기 기능입니다. 이 기능을 사용하면 스테이지를 건너뛸 수 있으며, 무료로 제공받은 건너뛰기 아이템을 다 사용하면 구매하거나 보상으로 획득해야 합니다.

패스트 패스는 미니 치트로 구매 가능한 아이템입니다. 이 패스를 이용하면 스테이지를 건너뛸 수 있지만 비용이 굉장히 비쌉니다. 예를 들어, 1700 스테이지로 건너뛰려면 1만 8000 로벅스라는 엄청난 비용이 들어요. 펫은 끝없는 오비 맵을 돌아다닐 때 항상 옆에 있어 줄 뿐 아니라 게임 플레이도 크게 향상시킵니다. 펫은 다양한 등급으로 제공되며 환생 도구와 마찬가지로 멋진 오비를 경험할 수 있도록 도와줍니다. 리더보드에서는 수집한 펫 수, 달리기 양, 총 환생 횟수 등으로 최고의 플레이어 순위를 매깁니다. 계속 연습하다보면 언젠가 여러분의 이름을 올릴 수 있을 거예요.

| 장애물 코스

옵스타클 파라다이스

개발자: I-C-T Studios

옵스타클 파라다이스에서는 자신만의 장애물 코스를 만들 수 있을 뿐만 아니라 다른 사람들이 만든 장애물 코스도 플레이할 수 있습니다. 이 장르 게임의 팬이라면 반드시 플레이해야 할 게임이며, 쉽게 플레이할 수 있습니다. 게이머들은 옵스타클 파라다이스를 하며 자신이 꿈꾸던 장애물 코스를 만들어 7명의 플레이어들과 함께 점프를 즐길 수 있답니다!

옵스타클 파라다이스의 서버에는 최대 8명의 플레이어가 참여할 수 있습니다. 이 게임의 첫 번째 미션은 사용하지 않는 오비 영역을 차지하는 것입니다. 화면에서 5초마다 5달러씩 지급하는 빨간색 현금 상자를 살펴보세요. 여러분이 가지고 있는 돈으로 빌드 탭에서 오비 아이템을 살 수 있습니다. 플레이어들이 다양한 아이디어를 이용하여 만든 다른 창작물들도 한번 둘러보세요. 이제 자신만의 스타일에 매력을 더해 볼까요?

스탯
최고의 게임 평점 : **87%** (2021년 7월 기준)
방문: 6030만 명 이상(2021년 7월 기준)
개발 완료: 2017년 1월 22일
장르: 모험

빌드 기능에는 선택할 수 있는 아이템들이 많습니다. 비틀기, 회전, 승리 버튼 계단 같은 필수 요소나, 파쿠르 장애물, 용암 바닥 등이 있습니다. 반드시 클리어해야 하는 오비에서 떨어지더라도 너무 걱정하지 마세요. 종료 지점에 도달할 때까지 다시 시도할 수 있으니까요.

참고로, '종료 지점으로 텔레포트' 버튼을 클릭하면 종료 지점으로 텔레포트될 수 있답니다! 상점에서 장비, 돈, 퍽 등을 모두 선택할 수 있으며 업그레이드할 수도 있습니다. 로벅스가 충분하다면 상점에서 수입, 휴식 시간, 오비 길이 등을 강화하여 더 재미있는 경험을 해 보세요.

- 로블록스 꿀팁 -

550달러의 역방향 용암벽 컨베이어는 거대한 장애물 아이템입니다.

선두 자리를 차지해요!

ESCAPE THE SCHOOL OBBY!

개발자: NICKGAME54 Fan Group!

장애물 코스 게임이 여러분을 힘들게 하는 수많은 레벨과 코스로 가득하기만 할 필요는 없어요. 경험이 많은 플레이어라면 6분에서 7분 정도만으로 충분히 이 게임을 즐길 수 있지만, 초보자라면 1시간 넘게 걸릴 수도 있습니다. 제목처럼, 가끔 학교에서 탈출하고 싶지 않은 사람이 어디 있을까요!

스탯	
최고의 게임 평점 :	**71%** (2021년 7월 기준)
방문:	1억 5360만 명 이상(2021년 7월 기준)
개발 완료:	2018년 8월 22일
장르:	전체 장르

사건은 교실에서 시작됩니다. 무섭게 생겼지만 도움을 주는 가이드가 선생님이 곧 날뛸 테니 교실에서 나가라고 말합니다. 문으로 나가면 퀘스트가 진행됩니다.

복도에는 파열된 수도관, 떨어진 사물함, 거대한 연필 장애물들이 놓여 있으며, 이 장애물들을 뚫고 지나가야 합니다. 코스 주변의 경로를 확보하기 위해 각 레벨 끝에 위치한 얼굴 모양 스폰 버튼으로 이동하세요.

통과할 수 있는 문이 없어 막다른 골목에 도달했다고 생각할 수도 있습니다. 이런 경우에는 위를 살펴보고 벽에 있는 통풍구를 통해 탈출하세요.

섬뜩하게 생긴 가이드는 문제를 해결할 수 있도록 올바른 경로를 선택하기 같은 테스트 몇 가지를 제시합니다. 이때, 잘못된 경로를 선택하면 실패한답니다. Escape The School Obby! 게임에서는 대답하기 어려운 질문을 할 수도 있으며 계속 진행하려면 정답을 맞혀야 합니다. 통풍구 속 미로에 너무 오랫동안 갇혀 있지 마세요. 코스를 통과하지 못해서 결국 학교 운동장에 도착하지 못할 테니까요.

- 로블록스 꿀팁 -
지저분한 학교 매점 바닥에는 더러운 피자 조각이 버려져 있습니다.

학교가 이렇게 힘들 줄이야!

퍼즐

자신의 능력을 시험해 보고 싶다면, 로블록스 퍼즐 게임에 도전해 보세요! 선택할 수 있는 퍼즐이 많으며 스피드 퀴즈와 퀘스트부터 생각할 시간이 필요한 장애물 넘기에 이르기까지 다양한 테스트와 미션을 제공합니다. 로블록스 페이지에서 여러분이 좋아하는 게임을 검색해 보세요. 여기에서는 퍼즐 장르 게임 팬이 좋아할 만한 퍼즐을 몇 가지 소개하겠습니다.

6 방 탈출

공식적으로 로블록스에서 이기기 힘든 게임이라고 언급한 게임에서 레벨을 계속 올리려면, 빠르게 생각하고 현명하게 행동해야 합니다. 개발자 모임 DevUltra의 영리한 개발자들이 만든 방 탈출 게임은 각 방에서 탈출하기 위해 예리하고 숙련된 두뇌가 필요합니다. 눈을 크게 뜨고 단서를 찾으세요!

플레이어는 솔로나 팀으로 방 탈출 퀘스트를 진행할 수 있습니다. 처음에는 스타터 팩에 입장하세요. 모험가 팩, 도전자 팩, 탐험가 팩 등은 방에서 열쇠를 얻어 레벨을 올리면 입장할 수 있답니다. 로벅스로 팩을 구매할 수 있어요. 스타터 팩에 입장하면, 탈옥, 보물 동굴, 월요일이 싫어요 경로 중에서 하나를 선택할 수 있습니다. 어디를 선택하든지 열린 마음으로 행동해야 합니다. 보이는 것만큼 간단하지 않습니다.

개발자: DevUltra

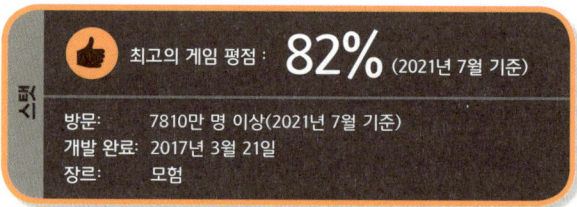

최고의 게임 평점: **82%** (2021년 7월 기준)

방문: 7810만 명 이상(2021년 7월 기준)
개발 완료: 2017년 3월 21일
장르: 모험

- 로블록스 꿀팁 -
이 게임의 로비에서는 블록시 어워드의 가장 어려운 게임 부문에서 수상한 것을 자랑하고 있답니다.

이제 여기서 어떻게 나가죠?

단서는 방 안 어디든 나타날 수 있기 때문에 약간 이상하게 보이거나 제자리에 있지 않은 물건들을 자세히 조사해야 합니다. 책장이나 테이블 등과 같은 물건을 클릭하면 숨겨진 힌트가 나타납니다. 미션을 진행할 수 있도록 가구를 이동시킬 수 있으며 아래위를 꼭 확인해야 합니다. 열쇠가 높은 곳에 매달려 있을 수 있으니까요. 높은 데 매달린 열쇠를 꺼내려면 긴 물체가 필요합니다.

캐릭터는 열쇠를 이용하여 레벨을 올리거나 방 탈출 상점에서 돈을 사용할 수 있습니다. 참고로, 게임 속에서 쓰는 화폐를 '탈출 코인'이라고 부릅니다.

또한 방 탈출 커뮤니티에서 제작한 맵을 게임에서 사용할 수도 있습니다. 친구들과 파티를 맺는 옵션도 있으며 이 옵션은 파티 참여 메뉴 기능을 통해 쉽게 설정할 수 있답니다.

제한 시간 안에 방에서 탈출해야 하므로 오랜 시간 동안 가만히 쉬면서 머무를 틈이 없답니다. 퀘스트마다 시작 전에 주어진 시간과 방의 난이도가 명확하게 표시됩니다. 상점에서 의상과 부스트 같은 아이템들을 구매할 수 있으며, 진행 속도를 높이는 코인과 열쇠를 담을 수 있는 가방도 있습니다.

단서를 찾을 수 있도록 잘 살피세요!

| 퍼즐

GUESS THE DRAWING!

개발자: GFSFF

이 퍼즐 게임은 여러분의 모든 재능과 경험을 끌어낼 것입니다. 이런 장르의 게임에는 머리를 굴려야 하는 문제나 깜짝 놀라게 하는 문제들이 가득하기 때문에 퀴즈 축제가 벌어지는 듯한 기분이 듭니다. 하지만 이 게임은 너무 쉽고 간단할 뿐만 아니라 재미있고 중독성이 있답니다.

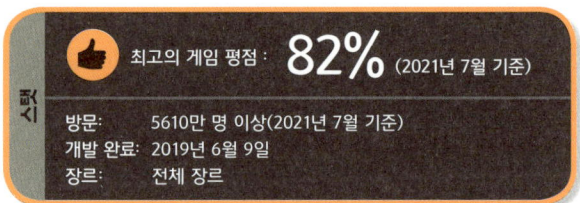

최고의 게임 평점: **82%** (2021년 7월 기준)

방문: 5610만 명 이상 (2021년 7월 기준)
개발 완료: 2019년 6월 9일
장르: 전체 장르

이 게임은 총 8명의 플레이어까지 참여할 수 있습니다. 여러분의 임무는 앞에 있는 거대한 보드에 무언가를 그리는 것입니다. 참고로, 다른 게이머들은 여러분이 그린 그림이 무엇인지 맞혀야 하기 때문에 다른 사람들이 맞힐 수 있을 만큼 그림을 잘 그려야 합니다! 하지만 그림을 그리기 위해서는 먼저 차례를 기다려야 합니다.

즉, 수수께끼 같은 그림이 무엇인지 가장 먼저 맞히기 위해 나머지 사람들과 경쟁해야 하는 것이지요. 화면에 여러분이 추측한 것을 입력할 수 있습니다. 이때, 단어의 글자를 정확하게 입력해야 한답니다. 시계가 멈추고 단어가 공개되면 해당 라운드의 점수가 표시됩니다.

단어를 얼마나 빨리 맞혔는지에 따라 30점부터 150점 이상까지 다양한 포인트가 주어집니다. 만약 정답을 맞히지 못하면 0점을 받습니다. 리더보드에는 최고 점수 우승자와 그들이 추측한 단어들이 표시됩니다. 이 게임은 단순히 그림을 빠르게 그리는 시합이 아니라, 진짜 대회랍니다.

단어에 대한 힌트를 표시하거나 자신의 차례가 더 빨리 돌아올 수 있는 끼어들기 등과 같은 행동을 할 수 있는 단축키가 있지만 로벅스로 해당 아이템을 사야 합니다.

GRAVITY SHIFT

개발자: meguy1

이 퍼즐 게임은 과학, 액션, 그리고 스킬 같이 흥미진진한 요소들로 가득합니다! 퀴즈나 전략을 기반으로 한 다른 게임에 비해 Gravity Shift에는 다양한 레벨을 클리어하기 위해 많은 연습과 인내가 필요합니다. 마스터하기에 상당히 어려운 게임이지요.

우주를 테마로 한 이 게임에서는 굉장히 멀리 떨어진 은하계에서 코스를 따라 체크포인트와 엔드 존까지 작은 공을 움직여 가져가야 합니다. 다양한 장애물 코스로 구성되어 있으며 레벨이 높아질수록 난이도가 올라갑니다. 경로는 다른 장애물 코스 게임처럼 평평하지 않으며 경로가 거꾸로 뒤집히고 휘더라도 반드시 경로를 유지해야 합니다. 컴퓨터, 태블릿, 콘솔 등 어떤 플랫폼에서 게임을 하든지 코스를 유지하려면 컨트롤과 기능을 빠르게 파악해야 해요.

👍 최고의 게임 평점 : **65%** (2021년 7월 기준)

방문: 4660만 명 이상(2021년 7월 기준)
개발 완료: 2012년 4월 18일
장르: 전체 장르

레벨에는 초보자용 점프, 계단, 수직, 커브, 좌우로 이동 그리고 말도 안 되는 점프 등이 포함됩니다. 공이 떨어지는 경우를 대비하여 클리어한 레벨로 자동으로 텔레포트할 수 있는 옵션이 있습니다. 사용자 정의 색상 등으로 업그레이드를 할 수 있으며, 이중 점프 공을 사용하면 다른 캐릭터보다 훨씬 돋보일 수 있답니다. 각 레벨마다 전체 시간이 기록되며, 이 시간은 이전 레벨을 클리어한 시간과 비교하여 표시됩니다. 최대한 빠르고 안전하게 레벨을 클리어하세요.

> **- 로블록스 꿀팁 -**
> Gravity Shift 게임의 레벨을 플레이할 때, 배경에는 지구가 펼쳐져 있습니다.

> 계속 연습하세요!

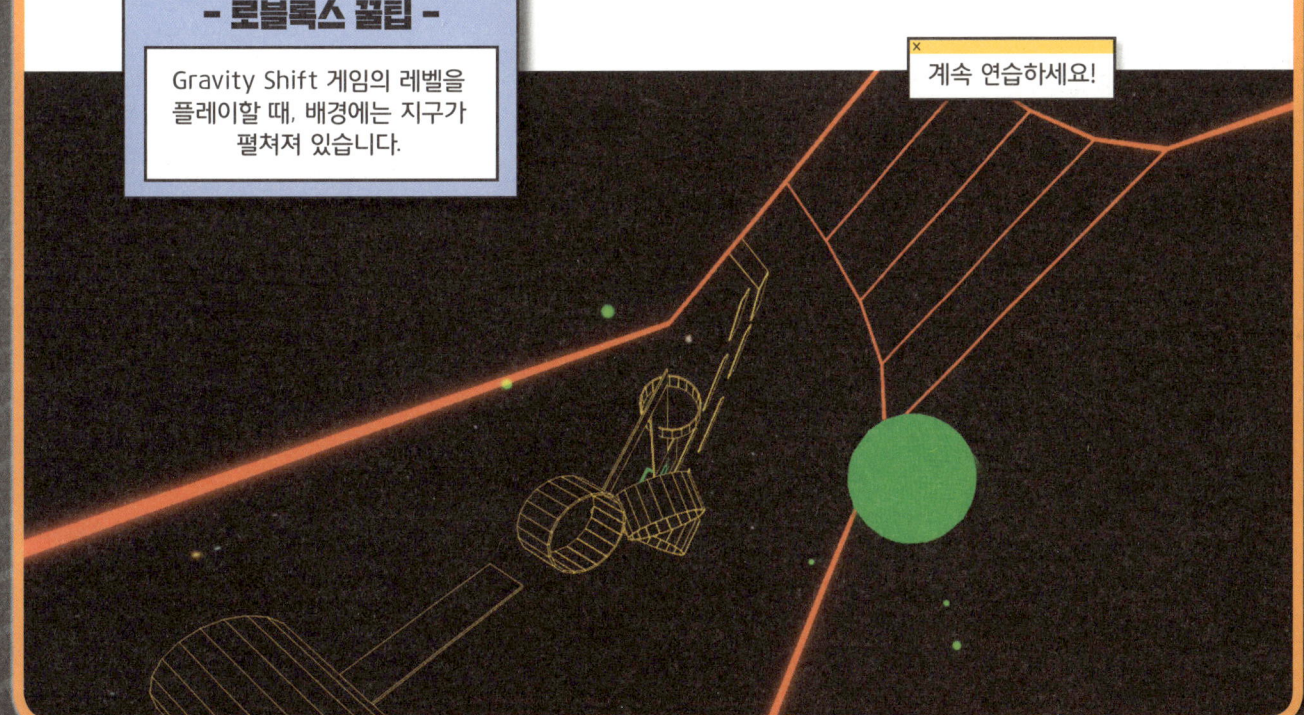

미니 게임

말도 안 되는 게임과 끊임없는 액션을 즐기고 싶다면 미니 게임을 추천합니다. 이 장르에는 상대편을 제치고 살아남아야 하는 창의적이며 독특한 활동들로 가득 차 있습니다. 다양한 경험을 통해 성공률을 높일 수 있도록 코인, 아이템 그리고 업그레이드 등을 사용해 보세요.

미니 게임

에픽 미니게임즈

'에픽'이라는 말 자체가 이 거대한 로블록스 모험을 설명할 수 있습니다. 에픽 미니게임즈는 2020년 봄까지 90개 이상의 독특하고 흥미진진한 게임이 추가되었을 뿐만 아니라 항상 새로운 맵이 추가되기 때문에, 게이머는 무궁무진하게 다양한 미션들을 친구들과 함께 즐길 수 있습니다.

에픽 미니게임즈에서 제공하는 로비 공간은 크고 인상적입니다. 현재 진행 중인 미니 게임과 다음에 진행할 게임에 대한 투표를 하기도 하고 굉장히 다양한 정보가 자세히 표시됩니다. 또한 다음 게임의 카운트다운이 시작되면 바다에서 간단하게 수영도 할 수 있어요. 게임이 시작되면 테스트를 준비할 수 있는 시간이 몇 초 정도 주어지며, 화면 상단에 여러분이 무엇을 해야 하는지 미션을 알려 주는 알림이 표시됩니다.

개발자: TypicalType

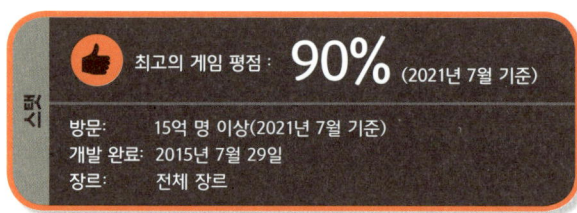

- 최고의 게임 평점 : **90%** (2021년 7월 기준)
- 방문: 15억 명 이상(2021년 7월 기준)
- 개발 완료: 2015년 7월 29일
- 장르: 전체 장르

다른 사람들이 여러분보다 경험이 많을 수 있으므로 그들이 하는 행동을 지켜보세요.

점프하고, 올라가고, 물건을 피하고, 탈출하는 미니 게임을 계속해서 선택해야 합니다. 게임은 일반적으로 60초에서 90초 사이로 진행되며 설정은 은하계 영역부터 눈 덮인 산, 물레, 몬스터, 놀이터에 이르기까지 굉장히 다양합니다. 참고로, 끝까지 살아남으면 추가 보너스를 받을 수 있답니다.

게이머는 코인을 보상으로 받을 수 있으며, 모은 코인으로 장비와 패스를 구매하여 다양한 효과를 얻을 수 있습니다. 코인으로는 효과 및 펫을 사서 외형도 꾸밀 수 있지요. 레벨 업은 미니 게임에서 좋은 성과를 낼 수 있도록 동기를 부여합니다. 화면 속 정보를 통해 레벨을 올리는 데 필요한 게임 승수를 알 수 있으며 솔로 또는 팀 모드에서 승리, 조종자 미니 게임에서의 성공 같은 일일 미션도 확인할 수 있답니다. 참고로, 로벅스로 VIP 패스를 구매하면 VIP 미션 퀘스트를 진행할 수 있습니다.

로벅스를 사용하거나 레벨 24에 도달하여 프로 서버에 참여하세요. 참고로, 프로 서버에서는 보상으로 코인과 경험치를 1.5배 더 많이 받을 수 있답니다. 레벨 배지는 레벨 4부터 잠금 해제되며 '미니게이머' 배지를 받게 됩니다. 그리고 더 높은 층에 오르면 조종광, 챔피언, 재빠른 탈출 같은 배지도 얻을 수 있습니다.

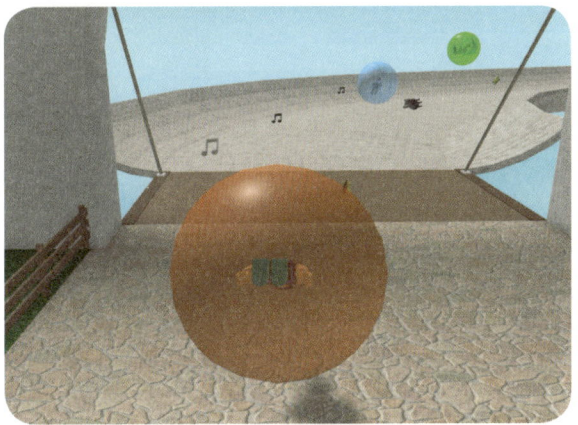

| 미니 게임

리풀 미니게임즈

개발자: Ripull

| 최고의 게임 평점 : **80%** (2021년 7월 기준)
| 방문: 3억 20만 명 이상(2021년 7월 기준)
| 개발 완료: 2014년 9월 20일
| 장르: 코미디

미니 게임 장르는 재미있는 활동과 성공에 대한 보상을 제공하기 때문에 비슷비슷해 보일 수 있지만 리풀 미니게임즈는 그만의 독특한 분위기를 가지고 있습니다. 이 장르를 선도하는 에픽 미니게임즈와 마찬가지로 이 게임도 꾸준히 사랑받을 만합니다.

리풀 미니게임즈에서 제공하는 게임이 상대적으로 훨씬 적고, 일부 게임들처럼 자주 업데이트되지는 않지만 그렇다고 해서 고민할 필요는 없습니다. 뛰어난 그래픽과 큰 맵을 이용하여 잘 만들어진 게임입니다. 눈처럼 하얀 캐릭터와 대결하는 프로즌 배틀, 플레인 어택, 봄 배틀, 스피드런, 크레이지 메이즈 등 다양한 게임을 선택할 수 있습니다. 모두 굉장히 재미있답니다! 게임의 길이는 그때그때마다 다르며 일반적으로 리풀 코인을 모으기 위해 끝까지 살아남아야 합니다. 게임의 또 다른 보상인 젬도 제공되며 로벅스를 써서 젬을 모을 수 있어요.

로비에는 에픽 미니게임즈처럼 트램펄린, 다이빙 보드, 떠다니는 블록, 대형 공, 지하 동굴 같은 재미있는 기능들이 있어서 다음 게임까지 대기하는 시간 동안 즐겁게 지낼 수 있답니다. 대기 시간을 이용해서 펫, 포드 그리고 게임 부스트 같은 아이템을 구매하세요. +15 속도, +30 점프력, 상자 행운 부스트, +150% 경험 부스트 등의 아이템은 구매할 만한 가치가 있습니다.

친구들과 함께 팀으로 플레이하고 싶다면 스쿼드 옵션을 이용하세요. 플레이어는 최대 8명까지 스쿼드에 참가할 수 있으며 포인트는 함께 모을 수 있습니다. 참고로, 스쿼드 리더가 그룹을 지휘합니다.

- 로블록스 꿀팁 -

리풀 미니게임즈는 원래 Minigame Madness라고 불렸답니다.

3개의 장난감을 무료로 장착할 수 있어요!

MINI GOLF

개발자: Widgeon

까다로운 스포츠인 골프와 미니 게임을 접목했네요. Mini Golf에는 최대 11명의 플레이어들과 함께 즐길 수 있는 멋진 골프 코스들이 있습니다. 여러분은 골프채로 골프공을 차분히 겨누어서 홀에 들어갈 수 있도록 적절한 힘을 주기만 하면 됩니다. 말처럼 간단할 수도 있지만, 힘 조절에 실패하면 좌절할 수도 있습니다.

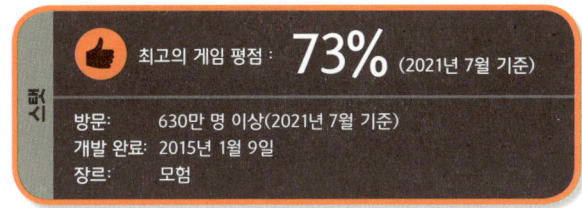

최고의 게임 평점: **73%** (2021년 7월 기준)

방문: 630만 명 이상(2021년 7월 기준)
개발 완료: 2015년 1월 9일
장르: 모험

이 게임에는 90개 이상의 미니 코스가 있습니다. 1인칭 모드에서는 홀 시작 부분에 공이 표시되며, 공이 홀을 향해 움직이는 것을 잘 볼 수 있도록 파워 게이지를 조심스럽게 조절해야 합니다. 파 등급은 공을 홀에 넣기 위해 샷을 몇 번 해야 하는지를 의미합니다. 파 등급 기준보다 샷을 더 많이 하면 더 적은 점수를 받게 됩니다. 따라서 점수를 더 높이고 싶다면 언더 파로 마무리하세요.

미니 코스마다 구불구불한 지형, 비밀 터널, 언덕, 장애물, 미로 등이 있으며 난이도가 다릅니다.

각 코스마다 공이 가야 하는 길을 찾는 일이 쉽지 않답니다. 각 플레이를 시작할 때 보여 주는 전체 코스를 이용하여 전략을 세우세요. 다른 게이머들이 먼저 플레이를 하게 만들어 그들이 친 샷이 필드에 어떻게 반응하는지 확인할 수도 있어요. 참고로, 공이 코스를 벗어나면 다시 시작해야 하기 때문에 최대 파워로 샷을 하지는 마세요.

- **로블록스 꿀팁** -

각 홀마다 시간제한이 있기 때문에 너무 시간을 잡아먹으면 안 됩니다.

좋아하는 골프공을 커스터마이징할 수도 있어요!

홀인원!

로블록스 브레인 버스터!

이제 여러분은 로블록스 게임 전문가가 되었으니 최종 테스트에 도전할 시간입니다! 재미있는 퀴즈를 즐겨 보세요. 모든 퀴즈는 이 책 내용에서 출제했습니다.

*정답은 192쪽에 있습니다.

1 다음 중 로블록스 게임 장르가 아닌 것은 무엇입니까?
A. 공포
B. 대전
C. 노래방

2 Mad City는 몇 년도에 개발되었습니까?
A. 2008년
B. 2017년
C. 2019년

3 로블록스에서 'sim'이라는 용어는 무엇을 의미합니까?
　A. 시뮬레이터(Simulator)
　B. 시몬 가라사대(Simon Says)
　C. 간단(Simples)

4 다음 중 방문자 수 10억 명이 넘는 게임은 무엇입니까?
　A. Full Throttle
　B. Super Hero Tycoon
　C. Flood Escape 2

5 다음에서 실제 로블록스 개발자를 고르세요.
　A. REE-create
　B. Rub_bish Games
　C. BIG Games

6 로블록스에서 게임이 시작되기를 기다리는 시간을 보통 무엇이라고 부릅니까?
　A. 대기 시간　　　B. 간격　　　C. 인터밀란

로블록스 브레인 버스터!

7 다음 중 공식적으로 로블록스를 플레이할 수 없는 기기는 무엇입니까?
A. 닌텐도 스위치
B. 태블릿
C. 플레이스테이션

8 로블록스에서 공식적으로 쓰는 돈은 무엇입니까?
A. 달러
B. 로벅스
C. 벅스로

9 장애물 게임 장르는 무엇으로 더 잘 알려져 있습니까?
A. 관찰(Obs)
B. 오비(Obby)
C. 점피 리피(Jumpy leapy)

10 다음 중 아바타를 만들 때 옵션은 무엇입니까?
A. R15
B. R2-D2
C. 토이저러스

11 RPG는 무엇을 의미합니까?
A. 롤플레잉 게임
B. 실제 게임
C. 리액티브 플레이어 게임

12 게임에서 플레이할 장소들을 흔히 무엇이라고 부릅니까?
A. 지도책
B. 글로브
C. 맵

13 돈, 사업 그리고 고객과 관련된 게임을 무엇이라고 부릅니까?
A. 임원
B. 타이쿤
C. 금융

14 게임 건설에서 중요한 요소는 다음 중 무엇입니까?
A. 기초 시멘트(Base cement)
B. 지상(Base ground)
C. 기초판(Baseplate)

15 엄청나게 인기 있는 숨바꼭질 게임의 이름은 무엇입니까?
A. Extreme Hide and Seek
B. Hide and Seek Extreme
C. Seek and Hide to Extreme

16 다음 중 방문자 수가 50억 명이 넘는 게임은 무엇입니까?
A. 아스날
B. Ninja Legends
C. 탈옥수와 경찰

17 MeepCity 게임을 만든 개발자는 누구입니까?
A. Dued1
B. alexnewtron
C. Badimo

18 무기나 아이템에 대한 새로운 모습을 얻는 것을 일반적으로 무엇이라고 부르나요?
A. 스킨
B. 표면
C. 재킷

19 게임에서 얻을 수 있는 보상의 종류는?
   A. PvP
   B. XP
   C. Peas

20 구축하고 생존하십시오! 게임에서 실제로 사용하는 게임 플레이 용어는 무엇입니까?
   A. 파스닙
   B. 터닙
   C. 포테이토

21 다음 중 간단한 게임 팁과 조언을 얻을 수 있는 방법은 무엇입니까?
   A. 튜토리얼
   B. 선생님
   C. 전화기

22 최후의 생존자를 목표로 하는 1인칭 슈팅 게임을 어떤 장르라고 하나요?
   A. 파이널 로열
   B. 배틀 로열
   C. 로열 웨딩

23 순식간에 새로운 지역으로 이동하거나 나타날 때 표현하는 단어는 무엇입니까?
A. 사라지다
B. 스위치
C. 텔레포트

24 게임이 완전히 출시되지 않았거나 테스트가 완료되지 않았을 때를 무엇이라고 부릅니까?
A. 베타
B. 비
C. 블룸

25 피자 가게에서 일해요 게임에서의 직업이 아닌 것은?
A. 계산원   B. 요리사   C. 청소원

26 다음 중 게임에서 쓰는 업그레이드는 무엇이라고 할까요?
A. 되감기
B. 환생
C. 재응시

27 Mining Simulator에서 재료를 무엇이라고 부릅니까?
  A. 광석
  B. 고체
  C. 콩

28 로블록스 홈페이지에서 장신구, 감정 표현, 셔츠 같은 아이템은 어디에서 찾아볼 수 있습니까?
  A. 그룹
  B. 인벤토리
  C. 블로그

29 다음 게임 제목에서 빠진 단어를 완성하세요: Escape the _____ Obby.
  A. School
  B. Police
  C. Monster

30 Horror Portals 그룹이 개발한 대규모 게임에서 어떤 생명체가 공격합니까?
  A. 유령
  B. 뱀파이어
  C. 좀비

게임 용어집

AFK
이 단어는 '키보드에서 멀리 떨어져 있음'을 의미합니다. 따라서 채팅에 이 단어를 입력하여 현재 게임에 참여한 상태가 아님을 다른 사람에게 알리거나 응답하지 않는 적을 식별하는 데 사용할 수 있습니다.

아바타
로블록스의 캐릭터를 아바타라고 부릅니다. 복장과 효과로 커스터마이징이 가능하며 다른 아바타와 다르게 보이도록 편집할 수 있습니다.

배지
배지는 미션 성공과 승리에 따라 게임 중에 지급됩니다. 게임을 진행하며 성공할 수 있게 만드는 큰 자극제가 되며 달성하기 매우 어려운 배지도 있습니다.

블록시 어워드
블록시 어워드는 게임 제작자에게 수여되는 공식 로블록스 메달입니다. 시상식은 매년 열리며 개발자들은 수상을 간절히 바라고 있습니다!

코드
대부분의 게임들은 새로운 스킬, 업그레이드 혹은 부스트를 얻을 수 있도록 플레이 중에 입력할 수 있는 코드를 제공합니다. 코드는 화면에 공개되지만 종종 소셜 미디어를 통해 공개되는 경우도 있습니다.

동시 접속
'동시에 여러 사용자들이 서버에 들어오는 것'을 의미합니다. 개발자와 게임 제작자는 서버에서 처리할 수 있는 트래픽 양과 사용자 수 및 게임에 동시 접속한 플레이어 수에 대해 이야기합니다.

DEV
'개발자(developer)'의 줄임말. 게임 개발자는 게임을 개발하는 사람으로 스크립터 및 편집자와 함께 더 큰 팀의 도움을 받기도 합니다.

장비
게이머를 위한 용어로, 플레이어가 앞으로 사용하거나 미션에 필요한 아이템, 복장, 무기, 도구, 그리고 기계 등과 같은 사물에 사용되는 일반적인 게임 용어입니다.

글리치
기능이 동작하지 않거나 치트가 활성화되는 것과 같은 게임 속에서 일시적으로 발생하는 문제입니다. 신고된 글리치는 개발자에 의해 수정됩니다.

GUI
'그래픽 사용자 인터페이스(Graphical user interface)'의 약자로 플레이어가 사진, 비디오, 버튼, 아이콘을 통해 게임과 연결하는 방법을 설명합니다. 최고의 게임은 항상 이해하기 쉬운 GUI를 가지고 있습니다.

LTM
'기간 한정 모드(Limited time mode)'의 약자로 짧은 시간 동안 사용할 수 있는 게임 모드나 기한이 다 되서 끝날 특별한 행사나 이벤트를 의미합니다. LTM은 종종 게임 커뮤니티에서 많은 관심을 보입니다.

NPC
'플레이어가 조정할 수 없는 캐릭터(Non-playable character)'의 약자로 이들은 게임에서 여러분과 상호 작용하는 캐릭터나 적으로 나타나는 자동화된 플레이어입니다. 흔히 봇 또는 로봇이라고 부릅니다.

OP
'파워가 너무 강함(over-powered)'을 뜻하며 게이머가 게임에서 사용하기에 너무 강력하여 게임 흐름을 부정적으로 방해하는 무기, 아이템 혹은 기능을 설명하는 데 사용하는 문구입니다.

로블록시안
아바타는 로블록시안으로도 알려져 있습니다. 경험이 많은 플레이어들이 이 단어를 자주 사용합니다. 그리고 로블록시아는 일반적으로 '로블록스 세계'를 의미합니다.

로벅스
로블록스 플랫폼에서 사용하는 돈입니다. 어른의 도움으로 로벅스 계정을 설정할 수 있으며 실제 돈으로 결제해야 합니다. 로벅스는 복장, 부스트, 그리고 퍽 등을 구매하는 데 사용할 수 있습니다.

RTHRO
2018년에 출시된 Rthro는 아바타를 위한 현실적인 신체 부위와 이동 시스템으로 R15 및 R6 캐릭터를 새롭게 개발한 형태입니다.

스폰
게임을 시작하는 지점, 또는 게임에서 나타나는 지점을 의미합니다. 리스폰 포인트는 게임에서 처음으로 돌아가기 위한 포인트로 사용할 수 있으며 적과 아이템도 무작위로 생성될 수 있습니다.

스튜디오
로블록스 스튜디오는 누구나 자신만의 게임을 설계하고, 제작하고, 개발할 수 있는 곳입니다. 템플릿, 테마 그리고 도구 상자 아이템 등을 사용하여 재미있게 설정해 보세요.

VIP
'매우 중요한 인물(Very important person)'의 약자로 VIP는 지름길과 부스트를 제공하는 게임 패스, 접근이 제한된 서버, 특별 초대 전용 게임과 관련될 수 있습니다.

VR
이 단어는 '가상 현실(virtual reality)'을 의미합니다. 일부 로블록스 게임과 시스템에서는 헤드셋을 갖춘 VR 장비를 지원합니다. 이런 게임 속 환경은 사용자에게 매우 실제와 똑같이 보입니다.

로블록스 브레인 버스터! 퀴즈 정답

1. C | 2. B | 3. A | 4. B | 5. C | 6. A | 7. C |
8. B | 9. A | 10. A | 11. A | 12. C | 13. B |
14. C | 15. B | 16. C | 17. B | 18. A | 19. B |
20. C | 21. A | 22. B | 23. C | 24. A | 25. C |
26. B | 27. A | 28. B | 29. A | 30. C

많이 맞혔나요?

초판 1쇄 인쇄 2021년 8월 13일
초판 3쇄 발행 2022년 3월 5일

원작 | 캐빈 펫먼 **번역** | 김민섭
발행인 | 조인원
편집장 | 최영미 **편집자** | 김시연, 조문정
표지 및 본문 디자인 | 권빈
출판마케팅 | 홍성현, 경주현
제작 담당 | 이수행, 오길섭

발행처 | (주)서울문화사
출판 등록일 | 1988년 2월 16일 제2-484
주소 | 서울특별시 용산구 새창로 221-19
전화 | 02-791-0754(구입문의), 02-799-9171(편집)
팩스 | 02-790-5922
출력 | 덕일인쇄사 **인쇄처** | 에스엠그린 인쇄사업팀

ISBN 979-11-6438-457-0 (13690)

※잘못된 제품은 구입처에서 교환해 드립니다.

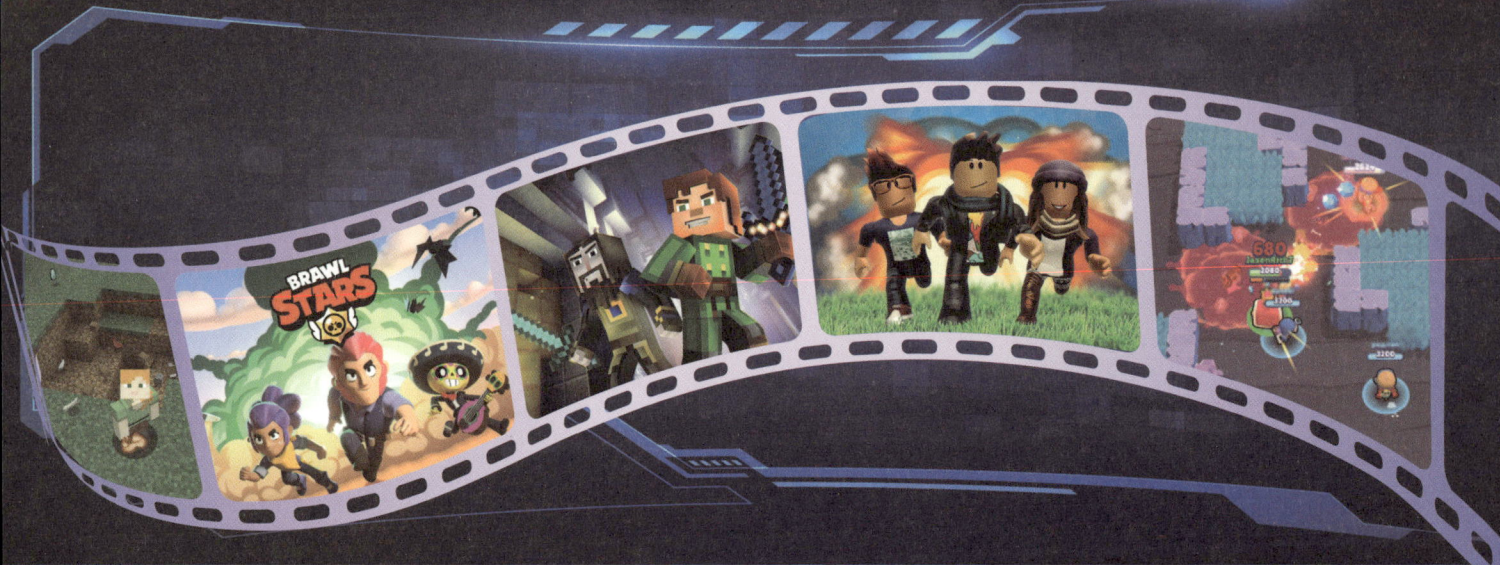

멀티플레이 액션부터 최고의 메타버스 게임까지 즐기자!
최강 유저를 위한 서울문화사 게임 전략서

마인크래프트

마인크래프터 강력 추천   재미와 협동/수중 세계 탐험/건축 비법   최신판 특별 가이드

브롤스타즈   로블록스

핵고수를 꿈꾸는   뉴비를 위한   유저를 위한   메타버스 게임
뉴비의 필독서   전문가의 리뷰   스페셜 가이드   유저의 필독서

구입 문의 : 02-791-0708   서울문화사